Thanks, Andy （谢谢，安迪）
Bill Clinton （比尔·克林顿）

● 美国前总统克林顿给安迪樊的亲笔题词

● 安迪樊曾担任美国前总统克林顿
的翻译官

● 安迪樊在美国陆军西点军校式
魔鬼训练营

● 多年后，美国前总统克林顿与安迪樊再次重逢

● 安迪樊与美国前总统尼克松助理，美中贸易发展协会主席 Robert Goodman 交流

● 安迪樊与前美国驻联合国大使 John Bolton 交流

● 安迪樊与美国国会参议院多数党领袖 Harry Reid（前右）交流

● 安迪樊与意大利前总理、欧盟委员会前主席 Romano Prodi 交流

● 安迪樊与前意大利驻华大使 Paolo Bruni 交流

● 安迪樊与英国驻洛杉矶总领事 Bob Peirce 交流

● 安迪樊与前人大常委副委员长
  成思危交流

● 安迪樊与博鳌亚洲论坛秘书长
  龙永图交流

● 安迪樊在美国洛杉矶接待中国香港
  财政司司长曾俊华

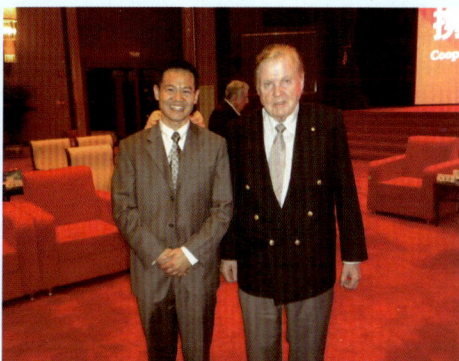

● 安迪樊与诺贝尔经济学奖获奖者、
  欧元之父 Robert Mundell(罗伯特·蒙
  代尔) 交流

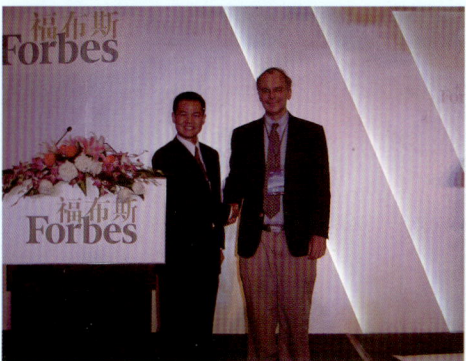

● 安迪樊与《福布斯》全球副主编
  Russell Flannery (范鲁贤) 同台讲演

● 安迪樊与联想集团名誉董事长柳传志
  交流

● 安迪樊与万科集团董事会主席
王石交流

● 安迪樊与阿里巴巴集团创始人
马云交流

● 安迪樊与纳斯达克中国区前主席
潘小夏交流

● 安迪樊与新东方董事长俞敏洪
交流

● 安迪樊与创新工场董事长李开复
交流

● 安迪樊与蒙牛创始人牛根生交流

● 安迪樊与著名经济学家茅于轼
交流

● 安迪樊与著名经济学家、清华大学
中国经济研究中心主任李稻葵
交流

● 安迪樊与瑞士 UBS 银行执行董事
Gregg Goldman 交流

● 安迪樊与 J. P. Morgan(摩根大通)
中国区董事总经理龚方雄交流

● 安迪樊与 SOHO 中国董事长
潘石屹交流

● 安迪樊与华谊兄弟董事长王中军
交流

● 安迪樊与TCL董事长李东生
交流

● 安迪樊与爱国者董事长冯军
交流

● 安迪樊与新东方创始人之一
王强老师交流

● 安迪樊与新东方创始人之一
徐小平老师交流

● 安迪樊与新希望集团董事长
刘永好交流

● 2009年，在《求是》杂志主办的
全球商业领袖推选活动中，安迪樊
荣获"2009中华杰出商业领袖奖"，
社长兼总编常怀力给他颁奖

● 2009 年，Andy Fan（安迪樊）当选为"复兴之路——共和国建国
60 周年、海内外 60 位华人楷模"，被誉为"时代的楷模、民族的
骄傲"，他的肖像被印在中国邮票上作永久纪念

● 安迪樊应邀参加"2010CCTV 中国
经济年度人物"颁奖典礼

● 北京电视台采访安迪樊

● 热情的"安迪樊粉丝"

● 中央电视台 2010 年 5 月播放安迪樊亲赴
地震灾区捐款和救灾、接受灾区群众
献花的节目《携手同行》

● 安迪樊 2013 年 5 月应邀在北京
大学讲演

● 安迪樊 2013 年 5 月应邀前往
清华大学讲演

● 安迪樊和 Apple（苹果）共同创始人 Steve Wozniak 亲切交谈

● 2013 年 11 月在美国硅谷，安迪樊受到美国前副总统 Al Gore（戈尔）的亲切接见

● 安迪樊（右一）在第十届中美电影节颁奖典礼上

● 安迪樊和国际巨星 Steven Seagal 在第十届中美电影节上一起接受采访

● 安迪樊与《心花路放》中的演员马苏合影留念

● 安迪樊和唐国强一起亲切交谈

● 安迪樊和导演宁浩一起在洛杉矶出席第十届中美电影节

● 安迪樊走红地毯进入第十届中美电影节会场

NEW!

Upgrade
【升级版】

融资

奔向创业板

〔美〕安迪樊(Andy Fan) ◎著

石油工业出版社

图书在版编目（CIP）数据

融资：奔向创业板：升级版 /（美）樊（Fan, A.）著.
—北京：石油工业出版社，2015.3
ISBN 978-7-5183-0429-5

Ⅰ. 融…

Ⅱ. 樊…

Ⅲ. 中小企业－融资－研究－中国

Ⅳ. F279.243

中国版本图书馆 CIP 数据核字（2014）第 236675 号

融资：奔向创业板（升级版）

[美] 安迪樊 (Andy Fan)　　著

出版发行：石油工业出版社
　　　　　（北京安定门外安华里 2 区 1 号　　100011）
　　　　　网　址：www.petropub.com
　　　　　编辑部：（010）64523616 64523611
　　　　　营销部：（010）64523603 64523623
经　　销：全国新华书店
印　　刷：北京晨旭印刷厂

2015 年 3 月第 1 版　2015 年 3 月第 1 次印刷
710×1000 毫米　开本：1/16　印张：14　插页：4
字数：215 千字

定价：48.00 元
（如出现印装质量问题，本社发行部负责调换）

本书献给

所有正在创业路上奋斗的勇士们！

你们的梦想加起来，
就是中国未来！

你们的拼搏加起来，
就是中国力量！

你们的成功加起来，
就是中国世纪！

再版前言

    2013 年党的十八届三中全会通过的《中共中央关于全面深化改革若干重大问题的决定》（以下简称《决定》）为金融经济改革指明了方向，《决定》指出：将推进股票发行注册制改革，健全多层次资本市场体系，多渠道推动股权融资，发展并规范债券市场，提高直接融资比重。

    中国证监会主席肖钢曾说过："多层次的资本市场是一个很广的体系，就股权而言，我们要建立一个多渠道的股权融资的体系，或者叫多层次的股权市场。我们要进一步壮大主板，丰富主板的内涵。现在看主板市场大多是一些传统的行业，但是，一些企业经过转型升级，有些传统的行业也会转变为战略新型产业，主板大有可为。继续发展中小板，同时还要改革创业板，使创业板真正定位在支持成长型和创新型的中小企业上。我们创业板才搞了四年，当时开的时候比较审慎，因为大家知道世界各国和地区创业板成功的不超过一半，一半以上创业板最后没搞成。但是，这四年来的实践证明，我们的创业板还是成功的。"

    创业板的确很成功。

    从创业板指数来看，截至 2013 年 7 月 19 日，创业板指数已经上涨 59.61%，创出了 1153.07 点的年内新高，甚至超越日经 225 指数的 40%、美国纳斯达克指数的 19%；截至 2014 年 7 月 31 日收盘，创业板指数已经高达 1344.54 点，在全球主要市场指数涨幅中排名第一。

2014 年 5 月 16 日，中国证监会正式对外发布了修订后的创业板首发办法和再融资方法。

新发行的政策有这样几点：

创业板申报企业不再局限于九大行业；再融资方法推出了"小额、快速、灵活"的定向增发机制；适当放宽财务准入指标，取消持续增长要求……

对于正处于打造"经济升级版"的中国来说，能否为中小企业的发展提供一个更加健全的融资平台是关键之一。

历时 4 年，回归理性的创业板在推出新的融资政策后，面临的最主要的使命就是用资本市场来帮助新兴产业获得一个较好的资本市场的支持。

所以，当创业板正在让越来越多的企业家们看到了更多希望的时候，我们对老版《融资——奔向创业板》进行一次升级。

升级版还是以三部分内容为主。第一部分是以纪实的风格，在老版的基础上增加一部分新内容，并替换一些老数据，让读者对发展四年多的创业板有一个更新的、更全面的认识。

第二部分是以上市企业为主线，将失去了借鉴意义的企业案例用最新的案例代替，对读者来说更具借鉴意义。

第三部分则是企业上市实务部分，主要是在原版的基础上融入了创业板最新的退市制度。

希望通过这次升级，给欲登陆创业板的所有心怀梦想的创业者注入更新鲜的血液。

2015 年 1 月于纽约

目　录

第一部分　揭秘创业板资本的力量

从 1998 年到 2009 年，创业板十年磨一剑，市盈率达到了 56.7 倍；然后仅花了 5 年时间，到 2014 年 6 月，市盈率达到了 105.72 倍。换句话说，创业板为上市企业创造了几倍、几十倍，甚至几百倍的财富。

第一章　创业板——赋予魔力的摇钱机器

第二章　创业板——积聚财富的巨大推手

第二部分　借力创富英雄，直击创业板

上市企业的背后，通常是以"亿美元"计的资产；巨额财富的背后则是很多看似平常却不平凡的创富英雄。他们的一个想法可以带来一笔财富，他们的一个决定可以创造巨大的收获，他们的一次突破可以让企业起死回生……谁读懂了他们，谁就读懂了资本。

第三章　文体产业的创富神话

第四章　节能环保的金色希望

第五章　医疗制药的康庄大道

第三部分 创业板上市流程与标准

世界在变，中国在变，创业板也在变。然而，只有真正掌握了创业板的上市流程与标准，才是成功登陆创业板的核心。

第八章 创业板上市概述

第九章 创业板规则解读

第十章 创业板上市组织

附录

第一部分
揭秘创业板资本的力量

从 1998 年到 2009 年，创业板十年磨一剑，市盈率达到了 56.7 倍；然后仅花了 5 年时间，到 2014 年 6 月，市盈率达到了 105.72 倍。换句话说，创业板为上市企业创造了几倍、几十倍，甚至几百倍的财富。

Chapter1

第一章

创业板——赋予魔力的摇钱机器

第一节
创业板，为上市梦插上翅膀

如果说资本市场是实现企业融资梦的一种重要载体，最主要的标志是"指数挂帅"的话，那么创业板则让欲上市企业看到了希望，找到了归宿，其原因便是创业板指数屡创新高。

2009 年 10 月 30 日，首批 28 家创业板公司集体上市，106% 是其平均涨幅。随后，创业板公司无论是在股价方面还是在市盈率方面都呈现出了节节攀高的趋势。

截至 2009 年 12 月 31 日，通过创业板审核的企业达到了 59 家。其中，36 家已上市企业的总市值达到了 1610.08 亿元，流通市值达到了 298.97 亿元，上市首日平均涨幅达 93.2%，平均涨幅为 91.5%。而以最终确定发行价的 42 家企业计算，共募集资金 246.96 亿元，其中超募资金达 149.52 亿元，超募资金占原募集计划的 153.4%。

截至 2010 年 5 月 28 日，已有 86 家企业成功登陆创业板，总市值达到 3834.6 亿元，流通市值则达到了 862.47 亿元。

截至 2010 年 10 月，对于创业板来说或许还很年轻，但已有 360 多家公司向它提出了首发申报，并对 189 家企业的首发申请进行了审核，152 家公司最终审核通过，通过率达到了 80.42%。

2011 年，是创业板的转折年，这时的创业板就像一个蹒跚学步的孩子，时而会摔上一跤，但又会马上爬起来，甚至还学会了跑。

2011 年 5 月 24 日，创业板栽了一个跟头，创下了历史新低，而几乎与此同时它又实现了撑杆一跃，短短一个下午的时间便从最低 828.50 点爬到了 876.64 点，甚至全天涨幅达到了 3.57%，振幅更高达 5.72%。

的确，创业板正在一点一点地长大，一天一天地成熟。

2012 年 1 月 11 日，当上证综指下跌 0.42%，深证成指下跌 0.45% 时，创业板指数却成为了领跑所有主要指数的焦点，虽然上涨只有 0.21%。

这一年，创业板好像没有了冬天。截至 2012 年 12 月 4 日，创业板指数已由 2011 年 12 月 4 日 600.8 点上涨至 1073.58 点，涨幅高达 78.69%。

进入 2013 年，中国新一届国家领导班子提出的"中国梦"对创业板产生了极大的鼓舞，同时创业板也要为实现"中国梦"贡献一份力量，插上一对翅膀。尤其是在 8 月，创业板丰收了。

2012 年 12 月 4 日至 2013 年 8 月 1 日，虽然上证指数上涨了 2.76%，沪深 300 指数上涨了 5.34%，但创业板指数的上涨幅度却达到了 103.28%；8 月 26 日，虽然创业板指数只上涨了 20.07 点，涨幅也只有 1.65%，最终却达到了 1239.89 点，已是连续第六个交易日收阳；8 月 27 日，创业板指数再度刷新历史新高，截至收盘报 1250.75 点，涨 1.02%，成交 259.1 亿元。

截至 2013 年 10 月 18 日，创业板指数最终收报达到了 1349.94 点。

然而，创业板为实现"中国梦"贡献的绝不仅仅只有"指数飘红"。如果说这只是它为企业融资梦插上的一只翅膀的话，那么其为企业上市插上的另一只翅膀则是强而有力地推动了直接融资体系的完善、中国股市多层次资本市场的建立。

尚未开启的创业板曾让人们对其寄予了诸多期望，已经开启的创业板并没有让人们失望，而且将继续放大本属于它的那份责任：

（1）为高科技企业提供融资渠道。

（2）通过市场机制，有效评价创业资产价值，促进知识与资本的结合，推动知识经济的发展。

（3）为风险投资基金提供"出口"，分散投资风险，促进高科技投资的良性循环，提高高科技投资资源的流动和使用效率。

（4）增加创新企业股份的流动性，便于企业实施股权激励计划等，鼓励员工参与企业价值创造。

（5）促进企业规范运作，建立现代企业制度。

或许，已经不止一个人开始这样描述自己的"中国梦"：拼命挣钱——努力攒钱——首付买房——贷款供房——幸福生活。然而，理想是美好的，现实是残酷的。多数人依然会随着房价的不断上涨停留在努力奋斗的阶段。

值得庆幸的是，创业板诞生了，尤其是走到 2013 年的创业板，重新唤醒了人们的"中国梦"：拼命挣钱——创办企业——创新模式——上市融资——共同富裕。

第二节
创业板，企业融资孵化器

2012 年 4 月 26 日，国务院发展研究中心企业所副所长马骏在东兴证券第一届中小市值企业投资论坛上曾明确表示，中小企业在我国经济社会发展中发挥非常巨大的作用，中小企业占中国企业数量的 98% 以上，为中国新增就业岗位贡献是 85%，占据新产品的 75%，发明专利的 65%，GDP 的 60%，税收的 50%，所以不管是就业还是创新，还是经济发展都非常重要。

但是，一直以来，中小企业的生存状态并不乐观。科技型、成长型中小企业得不到股权融资服务；融资渠道单一，银行贷款有限。珠江三角洲、长江三角洲大批中小企业因资金问题关门、倒闭。中小企业怎么了？

全国人大代表、安踏集团总裁丁世忠曾说："融资难、融资贵一直以来就是困扰民营中小企业发展的老大难问题，这背后的金融体制不合理的问题急需加快改革。"

而同样是人大代表的大湖水殖股份有限公司董事长罗祖亮所担心的与丁世忠的担忧几乎一样。2013 年 3 月 9 日，国际在线记者以"政府工作报告中您最关心什么？"对罗祖亮进行采访时，罗祖亮曾说："我迫切地想知道政府工作报告中对于 2013 年中小企业融资问题有何政策导向。"同时，他还告诉记者："为了不使资金链断裂，部分中小企业只能通过民间筹资，但民间信贷市场的地下融资利率已经高达 20% 左右。对资金本不充裕、利润率不高的中小企业而言，不贷款无法生存，以如此之高的利率贷款又无异于慢性自杀。融资利率过高，必将造成企业利润大幅度缩水，发展都难以继续，何来资金提高职工待遇？"

与中小企业发展降落曲线相反的是，国内居高不下的失业率。人们不禁问：与公众就业休戚相关的中小企业的出路在哪里？

各界振臂高呼"支持中小企业就是支持了中国经济的未来和明天"，在此呼声下，国家开始战略性部署，创业板则义无反顾地承担起了这份责任，而且经过四年多的运行，对中小企业融资产生了积极的影响。

截至 2013 年 6 月底，创业板共有上市公司 355 家，首发融资 2310 亿元，7 家创业板公司非公开发行公司债券融资 19.8 亿元。

除此之外，证监会主席肖钢也明确表示，将进一步完善中小企业板制度安排，优化创业板准入标准，建立创业板再融资规则体系，形成适合中小微企业特点的"小额、快速、灵活"的融资方式。

和资本大鳄一样，自主创新的中小企业家同样看到资本市场的希望。传统行业中的化工、电力、机械等企业借助民间资本获得发展，IT 等新兴行业的中小企业走向扩张之路。

创业板对中小企业的意义不外乎以下两方面：第一，创业板打破了中小企业贷款难的僵局。中小企业可以在资本市场获得充足的发展动力；成长性好的中小企业可以获得民间资金和投资商的青睐。另一方面，创业板促成全社会创业氛围的形成，激励更多的人创业，进而带动更多的人就业。显而易见，创业板对缓解当前和今后的就业危机大有裨益，促进就业功德无量。

创业，这一话题永远不过时。创业板，这一资本市场将激发中小企业家书写中国经济更加华美的篇章。浸泡在创业文化中的千万户中小企业，必将继续坚守"带动一方就业"的社会信念，行进在中国经济的康庄大路上，队伍越来越壮大……

Chapter2

第二章

创业板——积聚财富的巨大推手

第一节
创业板，财富神话还能持续多久

对于一个创业者来说，企业资本从 1 万元到 10 万元如果需要 10 年的时间，那么从 10 万元到 100 万元可能只需要 5 年的时间，从 100 万元到 1000 万元也可能只需要 3 年的时间，而从千万富豪到几亿身家则只需要一分钟的时间，你会相信吗？

从西安电子科技大学毕业后的姚文彬很快便步入了社会，经过多年的商场打拼积累了一笔可观的资金，最终成为了掌趣科技的董事长，并开始创造财富神话。

随着智能手机的兴起，掌趣科技迅速成为很多大资金的目标，甚至华谊兄弟的老总王中军都不得不为此动容，亲自蹲守在掌趣科技的办公室门外，以表达自己投资掌趣科技的决心。与此同时，还有一家外资基金对掌趣科技抛出了 1.1 亿美元的橄榄枝。这意味着什么，只要姚文彬套现的话，马上可以变身为几亿身家的超级富豪，但是姚文彬最后还是选择了华谊兄弟的 1.485 亿元的投资。

然而，姚文彬的创富神话并没有到此结束。2012 年 5 月 11 日，当掌趣科技顺利登陆创业板，迅速为姚文彬积累了巨额财富，个人股份财富达到了近 2 亿元。截至 2013 年 7 月 16 日，掌趣科技总市值达到 147.46 亿元，作为公司第一大股东，姚文彬的家族资产及股权财富更是达到了 37.65 亿元。

"我的公司真值那么多钱吗？"自创业板开启以来，给中国创业者带来的不仅仅是心惊肉跳，还有目瞪口呆——当他们成功敲响创业板上市铜锣后，往往会满脸笑容地等待媒体记者的拍照、采访，这时大屏幕上不断刷新的数字又让他们顿时屏住了呼吸，因为他们的股价开盘即涨幅超过了一倍、两倍……十倍。

2010 年 11 月 15 日，胡润发布了《2010 胡润创业板富豪报告》，以 10 亿元为门槛，上市的 135 家创业板上市公司股东中 92 位入选。

其中，智飞生物的蒋仁生家族，财富高达 104 亿元；向日葵吴建龙身家 82 亿元；万邦达的王飘扬家族财富达 66 亿元；陈邦持有爱尔眼科的资产达 58 亿元；大富科技创始人孙尚传的资产高达 56 亿元；东方日升的仇华娟、林海峰母子身价超过 47 亿元；康芝药业的洪江游家族财富高达 45 亿元；碧水源的文剑平也将身价提高到了 42 亿元；华策影视的傅梅城家族则以 41 亿元进入了亿元俱乐部。

2011 年 1 月，清华大学经济管理学院副院长廖理教授，在成都为第三届清华大学中国创业者训练营的毕业生作主题演讲时曾说过："创业板开启一年来，虽然也存在'三高'（高市盈率、高发行价和高超募比例）等问题，但它毕竟开启了中国人的'财富梦'。"

曾经不值一文的公司股票，如今都变得熠熠生辉，创业者的身家更是以几何倍数增长。作为当年自力更生、艰苦奋斗的回报，核心创业者理应获得鼓励和推崇，回报甚至超过了创业者自己的预期。因此，当一大批新生的亿万富翁开始从后台走出，真正走进公众的视线，所有人不禁疑问，企业家们的巨额财富是否来得太快、太容易了？创业板所创造的财富神话还能持续多久？

创业者们是多层次资本市场的又一群"弄潮儿"，他们的出现标志着诞生 4 年的创业板已经成为中国的一座"造富工厂"，并将继续创造财富传奇。

众所周知，融资难一直是中小企业发展过程中最突出的问题。在我国，企业融资的主要渠道靠银行贷款。但由于大多数的中小企业仍处于发展初期，往往难以及时从银行拿到所需要的贷款，因此常面临资金短缺问题。

以华谊兄弟为例，与其强大的明星阵容相比，华谊兄弟在资金的充裕程度上则多少显得有些尴尬。2006年，华谊兄弟为拍摄《集结号》向招商银行提出贷款5000万元。

由于看好冯小刚的招牌，并经过比其他贷款项目谨慎得多的研究和论证后，招商银行在华谊兄弟用放映权和可预期收入作保障的情况下，决定给这家做影视的小公司放贷。

对于华谊兄弟来说，这是一次艰难曲折的争取，而对于招行来说，这同样也可能是一次空前绝后的尝试。不怪有人说，天下第一难——筹资难。它一直是制约中小企业发展壮大的最大梦魇。

2009年10月30日，华谊兄弟登陆创业板，实际募资12亿元，比预计的多出了近1倍。虽然历尽艰辛，但华谊兄弟最终还是受到了资本的青睐。

如果说创业板的开启让众多中小企业的创富者看到了希望，那么创业板的成长、成熟则让更多中小企业的创富者实现了梦想。

截至2013年10月18日，创业板上市公司已达到355家，并创造了337位财富超过5亿元的股东，平均财富达到16.6亿元。这意味着，每成功上市一家公司，必然会创造出一位财富超过5亿元的富豪。

与此同时，胡润研究院再次发布了《2013胡润创业板富豪榜》。其中，光线传媒的王长田家族以183亿元荣登榜首；乐视网的贾跃亭家族财富高达141亿元；智飞生物的蒋仁生家族虽然失去了榜首的宝座，但家族财富依然上升到了139亿元；华谊兄弟的王中军、王中磊兄弟犹如一匹黑马，以135亿元排名第四；华策影视的傅梅城不负众望，个人身价由之前的41亿元增长到了129亿元；汤臣倍健的梁允超家族以保健品起家，却没想到创造了 127 亿元的家族财富。

随着中国经济的不断转型，中小企业融资问题的解决，更多的中小企业将会迈入 IPO（首次公开募股）的殿堂。在这个资本的舞台上，创业者们将共同演绎更多草莽英雄白手起家的故事。

时至今日，创业板已经有个股破发的现象发生，还有着这样那样的烦恼。但我们有理由相信，创业板在遭遇成长中的烦恼时，也必然能在成长中得到解决。

众多尚处于创业板门外的其他企业也正瞄准在创业板上市，很多工作正在稳步推进中。上市后备企业在积极备战创业板，尚未成为后备企业的多家企业也鼓足一股劲，开始积极筹划上市的相关事宜。

但要让创业板制造出的财富不"缩水"，出现持续增长，则有赖于"创富者"们加倍勤勉尽责、开拓创新，更有赖于创业板历经磨炼后变得更加理性、更加健康。

第二节
创业板，一盎司知识创造一磅财富

1990年，世界著名未来学大师托夫勒在《力量的转移》一书中，阐述了知识经济的作用，并断言知识经济时代的到来。在新型经济时代，知识与智力密集型产业成为产业主体。尤其是信息技术产业、生命科技产业、管理技术产业将获得发展。

随后的20年，世界财富发生大转移。最具代表性的是，一个高智力软件知识产品的开发者，在短时间内个人资产达到139亿美元，一跃成为世界首富。这位世界首富的名字叫比尔·盖茨。

比尔·盖茨的经济传奇向世界传达了这样一个声音："知识创造财富"。这不再仅仅是一个口号，而是一个事实。

"硅谷"的知识创业传奇激励着国内的创业者。中国"微软"何处在？高新企业持禀赋、抱雄心，怎奈发展无望。CEO知识如何量化？企业技术如何度量？商业模式如何评量？

创业板作为中国新经济的"孵化器"，不仅从一诞生便顺应了知识经济的潮流，而且在近几年的发展壮大过程中一直通过资本的力量将企业的无形资产转化为产能和市场，推动知识经济、新兴经济的发展。

毕业于复旦大学新闻学院的王长田，1999年在一个由民居改建的简陋写字楼里开始了创业，以一个集歌、影、视等在内的娱乐通讯网络成就了光线传媒。虽然王长田在学校时并不是最好的学生，但光线传媒得到了创业板的厚爱，上市当天募集资金 14.385 亿元，持有光线传媒 54.05% 股份的王长田身价超过 40 亿元。

来自乐视网的贾跃亭"以苹果公司式的生态系统和设计思路重新定义电视"的商业模式不仅成为了"电视业历史转折"，而且在创业板得到了验证。他成功了，乐视网以高出发行价（29.2 元）20.24 元的优势获得了 49.44 元的开盘价，累计涨幅高达 69.32%。

华策影视的第一大股东傅梅城毕业于浙江广播电视大学，2005 年投资设立了华策影视，致力于文化创意，制作、发行影视产品，却不曾想日后成为了创业板上的一匹黑马。

……

截至 2013 年 6 月底，创业板上市公司已达到 355 家，这些公司的自然人股东中不少都有着高学历或"海归"经历。而知识与资本的融合，才是这群"新富翁"诞生的明显特征。

事实上，知识创业成为一种趋势。TMT（科技、媒体和通信）、医药、智能机械、连锁商业、现代服务业、节能环保、新能源等高科技行业方兴未艾。

上述企业中，知识作为特殊要素，对企业的贡献远远超过其他要素。这一要素所产生的价值还会通过人们的创新，不断增值。基于此，知识成为企业的核心竞争力。

2013 年 10 月 18 日，中国文化产业基金董事总经理陈杭在第四届中国文化娱乐产业年会上说道："中国文化传媒产业的并购浪潮在未来 3 ~ 5 年内会进一步发展。"

艺恩咨询总裁郜寿智更是大胆预测："文化井喷期到来，未来十年内国内票房市场将达到 200 亿美元规模。未来十年内，行业会出现单年营收 100 亿美元的企业。"

而创业板作为知识与资本的新型兑换场，无疑将继续推动"知识与财富"故事的完美上演。知识密集型企业应抓住这一契机，在知识与资本的兑换场长袖善舞，成为市场的领头羊。

第二部分
借力创富英雄，直击创业板

　　上市企业的背后，通常是以"亿美元"计的资产；巨额财富的背后则是很多看似平常却不平凡的创富英雄。他们的一个想法可以带来一笔财富，他们的一个决定可以创造巨大的收获，他们的一次突破可以让企业起死回生……谁读懂了他们，谁就读懂了资本。

Chapter3

第三章

文体产业的创富神话

第一节
光线传媒：
成就民营电视传媒领域第一富豪

公司简介[①]

北京光线传媒股份有限公司（股票代码：300251，以下简称"光线传媒"）成立于1998年，经过10年的发展，已成为中国最大的民营传媒娱乐集团。光线传媒也是中国最大的电影和电视剧公司之一。

光线传媒作为中国最大的电视节目制作和发行商，每天制作超过4小时的电视娱乐节目包括著名的《娱乐现场》和《音乐风云榜》；拥有国内最大的地面节目，播出网络，电视节目在全国620家电视频道播出，覆盖全国所有地区；同时合作运营一个全国性数字付费电视频道。

光线传媒是中国最大的活动公司，每年主办和承办上百场地面娱乐活动，包括10个以上重要的娱乐颁奖礼和几乎所有华语电影巨片的首映式及各类大型演唱会。

2011年8月3日，光线传媒高调上市创业板，尽管发行市盈率高达61.05倍，首日仍高开高走，收报74元，比发行价大涨40.95%。光线传媒

---

① 资料来源于北京光线传媒股份有限公司网站 http://www.ewang.com。

董事长王长田，按上市首日收盘价计算，身家逾 40 亿元，成为民营电视制作领域的第一富豪。

上市概述

十几年后的今天，20 世纪 90 年代的王长田已经成了一个传说。因为几乎是在一夜之间，当年那个记者出身的创业者摇身一变成为了民营电视制作领域的第一富豪。

在他的创业生涯中，上市是最终的梦想，创业板却成为了他的跳板。2011 年 8 月 3 日，光线传媒成功登陆创业板，其董事长王长田持股市值瞬间涨至逾 40 亿元。

然而，除非当年身临其境，否则人们很难体会王长田的泪水和笑声。

走出寂寞的狂欢

1988 年，当一个大胆的行动（取消物价"双轨制"，进行"物价闯关"）在中国最大的工业城市上海如火如荼地展开时，毕业于复旦大学新闻学院的王长田虽然是"近水楼台"却并没有抓住这次机会，因为他还不具备一个真正的新闻人应有的那种灵敏嗅觉。

1990 年，已经毕业两年的王长田对社会环境有了更深刻的认识。这一年，他进入了由国家工商行政管理总局主办的《中华工商时报》。当时的背景是，中国内地新闻业正呈现出一种势不可挡的上升趋势。王长田对未来充满了信心。

然而好景不长，从 1992 年开始，电视业的兴起犹如半路杀出来的"程咬金"，一时间使得各新闻媒体之间展开了一场看不见硝烟的战争。

1993 年的王长田已经做到了《中华工商时报》市场新闻部副主任的位置，同时也是他在《中华工商时报》走的最后一段路程。虽然王长田打心底里不希望是这样的结果，但《中华工商时报》渐渐已经处在弱势地位的事实是无法改变的。

徘徊了许久的王长田最终决定辞职北上，去东北闯荡一番。而时势并没有倾向于王长田，更由于他对新闻的追求与痴迷，注定了他的经商生涯短暂而平淡，也注定了他在当时成为一名成功商人的几率几乎为零。

折回来的王长田不得不继续在报社当记者，但他不是一个甘于寂寞的人，一直在寻找着更好的转折点。

1995年，北京电视台为王长田打开了一个突破口。王长田走进北京电视台后很快便与张锦力、李德来共同策划推出了一档财经栏目《北京特快》，并迅速成为了当时国内新闻栏目中的一枝独秀。得益于有利因素，王长田随即又策划了《娱乐现场》、《音乐风云榜》和《体育界》等娱乐资讯节目，也纷纷在当时的中国内地产生了很大的影响力。

实力进一步获得证明的王长田，无论是想法还是动作都将变得更大。

1998年，王长田再次下海了，只不过他这次没有偏离自己的兴趣，在北京电视台的那段经历已经让王长田清晰地意识到电视娱乐节目必将在国内掀起一场波澜。

同年10月5日，王长田拿着东拼西凑来的10万元，在一个由民居改建的简陋写字楼里与其他四个人共同建立了中国第一家专业电视策划与制作机构——"北京光线电视策划研究中心"。但王长田的创业起始阶段并没有他想象中那么乐观，甚至不得不在长达将近一年的时间内靠卖策划报告，或者为厂商制作宣传短片为生。

王长田真正触动中国媒体创新的命门得益于政策的扶持与推动。1999年底，国务院下发82号文件，释放了制播分离信号，迅速推动了民营传媒公司发展的步伐。

截至2000年，王长田策划的《中国娱乐报道》已由1999年的销售额仅300多万元蹿升至3000万元，盈利1000多万元。2000年4月24日，伴随着北京光线广告有限公司的成立，王长田也开始做一个更大的梦——上市。

借壳上市的无奈

如果站在公司需要回报投资者的角度来说，从 2000 年到 2003 年，随着光线传媒规模的每年翻番，触及业务（平面媒体、娱乐节目、电视剧投资、电影投资发行、有线电视网、互联网、无线等都有涉及）的不断扩大，也为王长田带来了一段最为辉煌的日子。

截至 2003 年，光线传媒的总收入高达 2.5 亿元后，王长田也被一连串的荣誉贯于一身，如"十大新锐人物"、"十大传媒创新人物"等，甚至被称为打破传媒坚固体制的"创新英雄"。

与此同时，王长田对实现上市梦已经信心百倍："我们已经具备了上香港市场的资格。"这一点，从王长田吸收合并北京光线电视传播有限公司，注册资本由 300 万元增至 500 万元可见一斑。只不过，王长田的香港上市梦很快又破灭了。

"光线传媒太急于讲一个新媒体的故事。"一位已经离开光线的员工曾如是说。而事实也的确如此。

2003 年，是王长田急速扩张的一年。这一年，王长田不仅与中国广播影视集团达成了合作，而且开始实施与互联网相关的新媒体战略。王长田于 2003 年 10 月正式推出了光线 E 视，它让无数年轻人梦寐以求的数字乐园变成了现实的同时，也获得了惊人的回报。每天来自全国用户 5000 万人次的访问流量和 1000 多万宽带用户的覆盖使得光线 E 视成为了当时华语圈中首屈一指的数字娱乐品牌。

毋庸置疑，此时的王长田让很多人羡慕，也让很多人嫉妒，更促使很多人开始与他共同分享一块蛋糕。2004 年以后，中国互联网市场犹如一只被唤醒的雄狮，移动增值服务提供商（SP）、主流媒体，还有视频网站等各种传媒形式强势袭来，王长田的"新媒体航船"不得不重新调整航向。

2005 年，当国内许多的视频网站开展得如火如荼时，王长田也动了心，并很快开通了视频娱乐网站 E 网，"光线丰富的节目内容，电视上播完了就看不到了，互联网就不一样了，随时都可以看到。"可以说王长田对 E 网寄予了很大的希望，甚至高新聘请了陈世鸿等职业经理人专门运作 E 网。

"但当 2006 年我们要进入电影行业的时候，整个电视行业都出了问题，两台合并（省市电视台与省市电台全面合并）之后导致市场竞争的减弱，民营公司普遍遇到了困难，大部分公司都死掉了。那时候我们有四个业务同时在推进：大型娱乐活动，电视剧业务，互联网业务和电影业务。这四个业务里面，有一个业务是失败了，那就是互联网业务。我后来发誓说，我再也不自己主动做一个网站，我一定是投资收购的方式重新进入。"王长田的话语中所透露的更多的是一种无奈。

2007 年，职业经理人陈世鸿正式宣布辞职，王长田的互联网战略也正式失败。

事实上，在 2005 年和 2006 年对于王长田来说还有两个不愉快的插曲。2005 年，北京电视台开始独自制作大型娱乐资讯节目的模式迅速在全国形成了一种"蝴蝶效应"，王长田的《中国娱乐报道》不仅在北京电视台被迫停播，而且一大批省级电视台也将王长田拒之门外。2006 年，工业和信息化部和中国移动通信集团公司共同掀起了一股整治风潮，王长田的 SP 业务再次受到了极大的打击，最终以每个月收入仅过百万的现实浇灭了年收入人民币 5000 万元以上的原计划。

至此，虽然王长田在当年那批一同崛起的草根创业者当中是为数不多的幸存者，但光线传媒的发展已经退回到了 2001 年的水平。

王长田走下传媒英雄神坛的同时也失去了所有的上市资本，但上市始终是王长田的一个心结。诚如一位跟随王长田多年的员工所说："王长田一直希望光线能上市，但从 2003 年开始，香港创业板、主板、纳斯达克到国内 A 股都期盼过，却都没能如愿。"

2007 年，无论对于王长田来说，还是对于光线传媒来说，都呕须给团队打打士气了。这时，王长田第一时间想到的还是上市，通过上市进行股权激励。只不过，他这次想借壳去纳斯达克上市。

那么，光线传媒的借壳上市之路又应该如何走呢？谁现在最需要像光线传媒这样的公司呢？

2005 年 2 月 5 日成功登陆纳斯达克的华友世纪通讯有限公司（以下简称"华友世纪"）无疑最符合王长田的口味。首先，华友世纪在 2007 年的经营状况不是很乐观，股价下跌、业务减少、收入降低，而光线传媒的内容资源却可以让华友世纪重新获得资本市场的认可。其次，光线传媒可以借助华友世纪的新媒体营销经验、平台和传输通道，以及数字音乐资源等重新实施新媒体战略。最为关键的是，王长田可以实现自己的上市梦。

2007 年 11 月，这对名副其实的难兄难弟达成了合并协议，但最终谁也没有获得实质性的结果。2008 年 3 月，在不到 4 个月的时间内光线传媒和华友世纪分道扬镳。

"不一样的公司，不一样的行业，分歧是很正常的。"王长田曾坦承与华友世纪分手的原因是双方存在战略分歧，但他并没有因此而失望："我们可以按自己的方向去发展公司，而不用再担心资本、监管，甚至是来自不熟悉的海外的监管机构左右。"

当然，谁也不可否认，王长田的上市计划再次流产了。可是，究竟应该如何面对和解决这一问题呢？王长田似乎还没有这样的经验，但他给出的答案是："光线终于可以考虑自己上市了。"

转型升级，征服创业板

遍体鳞伤的光线传媒在王长田的带领下忍着疼痛继续向前奔跑。这时的王长田已经把目光放得更远，思想更开阔。他注意到当时国内电影公司制作和发行能力已经无法满足消费者对电影的需求，于是马上对光线传媒的业务作出了调整，其中电影业务占到 30% 左右，以前的核心业务——

100% 的电视业务下降到了 50%，其他活动占 20%。

截至 2009 年，王长田已初步为光线传媒形成了三足鼎立的业务结构。这一年，光线传媒又恢复了活力，王长田的上市梦再次起航。

2009 年 8 月 7 日，王长田做了一件对上市来说意义重大的事，光线传媒依法整体变更为股份有限公司，公司注册资本由 7877.25 万元增至 8220 万元。除此之外，截至 2010 年末，光线传媒的年平均收入呈现出 20% 的复合增长。

"我们虽然没有电视频道，但是通过与别人合作拥有了一个媒体平台。"王长田对此曾解释说，"然后我往里装内容，它就连续地产出。而这个平台收入的上涨并不同比带来成本的增长。"

所以，截至 2010 年末，光线传媒已经累计发行了 20 部电影。票房总额从 2008 年的 0.51 亿元增长到 2010 年的 3.14 亿元，三年内增长超过了 5 倍。

这一显著结果进而引发了许多人在王长田刚开始准备上市的时候便产生了疑问："看起来光线并不像一个缺钱的公司，为何还融资呢？"

"光线传媒想加大在电视剧购买的投入。目前地方卫视黄金时间播出的电视剧售价约 100 万元 / 集，如果没有融资，这件事情做不成；电视节目制作量，我希望从现在每天 5.5 小时时长增加到 8 小时，这也需要钱；我要做更多演播室，我签了一个 4000 平方米的厂房，打算改造成两个大型演播室。这些钱仅靠企业自身积累很难达到。"其中原因也只有王长田最清楚，"一方面可以募集到资金，增厚光线传媒的资金实力，没有钱就不能做很多事情；另一方面，上市可以带来更多资源。可以肯定的是，上市会给光线传媒带来很大的业务增量。"

同时，王长田也对光线传媒准备到纳斯达克上市的传言作了解释："中国 A 股市场估值远远高过纳斯达克，没有必要跑到海外上市，而之所以选择创业板是因为公司比较符合创业板的特点。"

有了多次的上市未果的经历之后，这次王长田会一帆风顺吗？

事实上，王长田此次并没有选对上市的最佳时机。自 2010 年四季度以来，传媒行业已经被无情地卷入了大势低迷的漩涡中。进入 2011 年，传媒行业的 PE 融资均值一度徘徊在 36 倍左右，相较于 2004 至 2010 年间的 55 倍下降了将近一半。

难道王长田此次的上市脚步又要到此为止了吗？

王长田对光线传媒的商业模式有一个鸡蛋和母鸡的理论——务必要找到基因比较好的蛋："把它养成一只母鸡，然后你喂食，让它自己下蛋。这个母鸡其实就是商业模式。"而王长田所说的"基因比较好"的蛋正是光线传媒在过去数年间，通过"以内容换取广告时段"的合作模式，建立的独特的"时段联供网"、"频道联供网"模式。

在传媒行业，光线传媒的联供网模式相比于华谊兄弟和华策影视纯粹依靠电影、电视剧内容赚钱的商业模式，往往更能触及广电传媒的核心领域。所以，王长田用光线传媒 2010 年的业绩——电影发行数量和票房收入进入行业前五、民营电影公司前三，在大势低迷的情况下，向投资者交出了一份满意答卷。

其实，走进现在的"娱乐大佬"——光线传媒的董事长王长田的办公室，首先映入眼帘的是一块大大的白板，上面有王长田挥毫留下的几幅书法作品，除此之外，便是密密麻麻的一些人的名字，徐峥、邓超、赵薇、俞白眉等，很多人耳熟能详，尤其是目前最红的一些导演的名字都出现在了这块白板上。

再往里走，最吸引人的不是王长田办公室的装饰风格，而是在旁边的一个茶几上放着的一个计算器，显得有点老旧，按键已经出现了很严重的磨损。

难道王长田每天的工作就是列一些人名、做一些计算题吗？不错，这正是王长田近几年养成的一个习惯。

王长田曾说过："光线传媒之所以能撑持到今天，与其对成本的控制有莫大关系。传媒公司风险很大，第一要则就是'谨慎'，花钱谨慎，投资谨慎，此前光线传媒挣钱后一直攒着。同期拿钱的很多传媒公司，如今都关门大吉，光线传媒却坚持到现在。"

进入2010年7月，在位于雍和宫对面的一个小院子里，出出进进的人似乎比以往多了一些，其中不乏时尚明星，尤其是其中一个显得与娱乐圈有些不搭界的王长田从这个月开始比以往更忙碌了。

与此同时，北京光线传媒股份有限公司正式启动了IPO程序。2011年7月18日至7月21日，光线传媒在深圳、上海、北京三地进行发行A股的询价推介工作。期间，在众多询价机构对光线传媒的"传媒+娱乐、渠道+内容"业务模式表示认可的同时，也有人质疑保荐机构给出的54.83～60.92元/股发行区间普遍偏高。

对此王长田并不否认："从目前情况分析，股价相对在这个市场上来说还是比较高，反映了市场对传媒类公司的认可。因为在A股市场上整个传媒类公司的市盈率就是比平均市盈率高出一倍，这里面还包括一些成长性不是很高的印刷企业在内的市盈率。"对此王长田并不否认，甚至于询价路演活动结束的第二天早晨及时地调低了保荐机构给出的定价。

2011年8月3日，光线传媒高调上市创业板，尽管发行市盈率高达61.05倍，首日仍高开高走，收报74元，比发行价大涨40.95%。光线传媒董事长王长田，按上市首日收盘价计算，身家逾40亿元，成为民营电视制作领域的第一富豪。

而且随着光线传媒的上市，董事李晓萍身家高达2.48亿元，李德来身家也超过2亿元，其旗下主持人柳岩、谢楠、大左、常索妮持有的股票对应的市值分别达到370万元、370万元、222万元和222万元，歌星达娃卓玛持有25万股，对应持股市值将超过千万元。

启示录

为什么光线传媒在发行时受到了机构的热烈追捧，并且有效申报的 60 多个配售对象全部足额申购，甚至在大势低迷的情况下以高达 84.11 亿元的申购资金创下当时近 4 个月以来冻结机构资金的新高？

其中一个关键因素是光线传媒的"联供网"商业模式。其实，对于任何一家欲上市企业来说，建立一种可行的商业模式，尤其是在同行业中，相比竞争对手更具竞争实力的商业模式，无疑是吸引投资者的最大法宝。

再回头看光线传媒，它把近 20% 的股份给了业务骨干，结构非常稳定，不会有抛售压力存在。而华谊兄弟却把股权给了明星，抛售压力使得股价在上市后不得不走低。

融资事实上更像一种生意，正如王长田所说："对于很多创业者来说，我的不融资有一点可以效仿。马云有句话说得好，阳光灿烂修屋顶，不能等下雨天才修。一定要在最好的时候谈融资，不要把融资当成救命稻草，一定要有自身发展的能力，不然拿别人的钱风险太大。"

第二节
华谊兄弟：影视娱乐第一股上演"东方红"

公司简介①

华谊兄弟传媒股份有限公司（股票代码：300027，以下简称"华谊兄弟"）是由华谊兄弟传媒有限公司（原名浙江华谊兄弟影视文化有限公司）依法整体变更、发起设立的股份有限公司。

华谊兄弟主要从事电影的制作、发行及衍生业务；电视剧的制作、发行及衍生业务；艺人经纪服务及相关服务业务。其主要产品包括电影、电视剧，主要服务包括艺人经纪服务及相关服务。主要业务收入来自于电影票房收入、音像、电视播映版权收入、衍生产品（贴片广告等）收入；电视剧播放权收入、音像版权收入、衍生产品（公关活动等）收入；艺人经纪佣金收入、企业客户艺人服务收入等。

2009 年，华谊兄弟作为国内影视娱乐上市公司第一股在创业板成功上市，融资 12 亿元，超出原计划近一倍。

---

① 资料来源于华谊兄弟传媒股份有限公司网站 http://www.huayimedia.com。

上市概述

电视剧《士兵突击》中许三多曾说："好好活就是干有意义的事，有意义的事就是好好活！"这句话曾让无数观众在空荡荡的生命中找到了理想、道德、信念。而此电视剧的幕后投资者，正是当今中国影视界的明星企业华谊兄弟。

"下过乡"、"扛过枪"、"打过工"、"留过洋"的传奇民营企业家王中军带领华谊兄弟同样也是一直在"干有意义的事"。几年下来，华谊兄弟投资拍摄的电影《天下无贼》、《集结号》、《非诚勿扰》等无一不是笑傲票房的影片；电视剧《士兵突击》、《鹿鼎记》、《少年杨家将》等收视率莫不名列前茅；旗下的导演冯小刚、张纪中，艺人黄晓明、李冰冰、周迅、邓超等，无一不是当今影视圈的风云人物。

仅在 2006 年至 2008 年国产电影票房排名前十名的影片中，华谊兄弟及关联方就有 7 部影片入围，总票房 9.26 亿元，占同期国产电影票房总收入的 15.57%，仅次于中影集团的 16.97%，位居第二。

2009 年 10 月 30 日，在奋斗 16 年之后，王中军带领华谊兄弟经历了企业发展中的里程碑事件——创业板上市。也就在这一天，以收盘价计算，华谊兄弟的市值达到 119 亿元。灼灼星光下，一直致力于打造中国的娱乐业"梦工厂"的华谊兄弟的梦想正在一步步逼近现实。

于资金瓶颈中造梦

1994 年，在美国密歇根攻读纽约州立大学传媒硕士学位后，王中军手里攥着千万资金从美国归来与弟弟一起创办华谊兄弟广告公司。1998 年，在影视业尚处于"很缺钱"的状态下，一度堪称"大款"的王中军被朋友拉着投资了三部电影。电影上映后，"两部赔钱，一部赚钱"，华谊兄弟恰恰是赚了钱的《没完没了》的主投资商。由于签署了保障条款，在其余两部电影上赔的钱，华谊兄弟也陆续从主投资商手里收了回来。

经过此番历练之后，华谊兄弟信心大增，开始全力进入电影业。然而，影视业在 20 世纪 90 年代尚处于萧条时期，华谊兄弟在起步阶段融资艰难。由于贷款门槛太高、投资少之甚少，为了拍一部电影王中军不得不下狠心把自己收藏的画、房子统统抵押，贷款拍电影。

此后，随着旗下的导演冯小刚拍摄的《一声叹息》、《不见不散》等影片的成功上映，华谊兄弟的知名度和社会认知度得到迅速提升，融资环境逐渐好转。这时候，部分投资者也许并不认识王中军本人，但一听说是华谊、冯小刚的电影，立刻就拍板决定投资。

2000 年，王中军在一个朋友间闲聚的场合与太合集团的负责人见了一次面。8 月，太合集团出资 2500 万元对华谊兄弟广告公司进行增资扩股。这也是华谊兄弟所获得的第一笔大融资。

一年后，华谊兄弟从太合集团回购了 5% 的股份，以 55% 的比例拥有绝对控股权，同时成立华谊兄弟太合文化经纪有限公司。2003 年 5 月，西影华谊电影发行有限公司成立。

2004 年底，华谊兄弟从 TOM 集团募得 1000 万美元，对太合公司手中其余 45% 的股份进行回购。这之后，华谊兄弟开始从联合投资电影、电视剧、从事电影衍生业务（贴片广告等）、电视剧发行业务等入手进入广播电影电视行业。

随后，华谊兄弟又与影业投资联合投资电影《天下无贼》。年末公映后，《天下无贼》实现了 1.2 亿元的票房，位列年度票房三甲。接下来，华谊兄弟又相继出品了《宝贝计划》、《心中有鬼》、《天堂口》、《功夫之王》等影片，均取得了不错的票房业绩。另外，继《集结号》取得 2.5 亿元的票房佳绩后，《非诚勿扰》再创逾 3 亿元的票房辉煌。

2005 年，华谊兄弟在取得《广播电视节目制作经营许可证》后，同时加大了对电视剧的制作投资。先后摄制了《少年杨家将》、《恋爱兵法》、

《功勋》、《士兵突击》、《鹿鼎记》、《身份的证明》等多部电视剧。其中，《士兵突击》在卫星频道累计播出 21 次，稳居 2007 年电视剧排名第一位。

也就是这一年，王中军结识了一手创办阿里巴巴的马云。经过一顿饭时间的交谈，马云当即开价，决定投资入股华谊兄弟。2005 年 12 月，马云所掌控的中国雅虎即为华谊兄弟带来 1000 万美元的资金。

另外，马云等人的加入对华谊影响深远。华谊兄弟曾经向马云提起艺人规模扩大的难度，而马云提出的建议则是：把个性化的东西流程化，把流程化的东西个性化，这样企业才能做大。这一切不但拓宽了华谊兄弟的眼界，也开阔了其管理思路。

然而，民营影视公司生存和发展的主要瓶颈就是资金，缺钱而非赚钱在华谊兄弟的发展过程中一直如影随形。不过，随着资本市场的洗礼，王中军在不断的实践中逐渐捋清了华谊兄弟的融资思路：股权融资＋股权回购。通过此种手段，华谊兄弟先后获得了 TOM 集团、雅虎中国、分众传媒等机构 4 亿多元的资金。

除了引入战略投资者外，华谊兄弟的另一条重要的融资途径则是运用版权从银行等金融机构贷款。用王中军自己的话来说，股权投资代价太高，一部戏开发了半天，别人投了 50%，赚了钱分投资人 50%，这样太不划算。于是，华谊兄弟把目光转向了银行界。

对银行来讲，贷款是一种产品，只能贷给一个能让其认为有还款能力、有抗风险能力、甚至有抵押能力的企业。因为银行是一个规避风险能力最强的机构，因为利息低，其对风险控制也最在乎。为了能跟资本对话，迎接银行的介入，华谊兄弟对企业自身进行了改造，首先做到规范，并努力提高风险控制意识，提高运行能力。因此，在管理、规范等方面，华谊的眼光一直在瞄向那些大企业。

2005 年，在筹备拍摄电影《夜宴》时，华谊兄弟得到深圳发展银行 5000 万元贷款，条件是华谊兄弟必须请第三方（中国进出口保险公司）作担保，王中军将个人名下所有资产作为连带担保。

2007 年，王中军在参加企业家论坛时认识了招商银行行长马蔚华，于是就谈起了希望获得招商银行贷款，以筹备拍摄电影《集结号》的事情。

马蔚华在听过王中军的叙述后，也认为投资文化产业是银行一个可以尝试的方式。在论坛结束后，马蔚华专门让人去研究如何才能既保证资金安全，又能获利的具体的模式。

5 个月后，华谊兄弟已不再需要第三方公司担保授信，而是以知识产权，即"版权质押"获得招商银行 5000 万元的贷款。

2008 年 5 月，北京银行以版权质押的方式向华谊兄弟提供 1 亿元的电视剧多个项目打包贷款，开创了"版权质押"打包的先河。

之后不久，王中军第一次见到了中国工商银行的主管行长。见面后，所有人坐在一个屋内开会。银行的团队开门见山地问华谊兄弟的贷款数额预计是多少，在多少时间内需要得到答复。惊喜之余，华谊兄弟表示希望在两周之内得到中国工商银行是否能贷款 1.5 亿元左右的资金的答复。

经过简单的会晤后，中国工商银行方面最终做出一周之内给出答复，两周之内过户的决定。15 天后，华谊兄弟成功获得中国工商银行提供的 1.2 亿元的两年期贷款。

不仅如此，华谊兄弟采取与"哥伦比亚"等国外娱乐"航母"联合投拍方式，推出《大腕》、《天下无贼》、《功夫》、《可可西里》、《墨攻》等，这不但降低了华谊兄弟的投资风险，而且还使得影片的发行更为便利。

华谊兄弟采取的多种融资手段，不仅减少了拍片时的自有资金投入，加快了资金周转率，而且还分散了影片票房的风险。与此同时，通过与外部金融机构的合作，华谊兄弟也将严格的财务制度引入了制片资金的管理上，从而降低了制片成本，提升了资金的使用效率。

另外，华谊兄弟还将国外传媒产业成熟先进的管理理念与中国传媒产业运作特点及产业现状相结合，较早建立了国内领先的"影视娱乐业工业化运作体系"，包括"收益评估＋预算控制＋资金回笼"为主线的综合性财务管理模块，强调专业分工的"事业部＋工作室"的弹性运营管理模块，以及强调"营销与创作紧密结合"的创作与营销管理模块等。

在"事业部＋工作室"的管理模式下，事业部能对工作室进行有效管理，保证影视剧项目的投资回报和商业价值；而工作室能够在统一管理的体系内拥有相对独立的创作自主权，保证影视剧项目的创作质量和艺术价值，其良好运作有助于业务快速发展。

为 17 天与一年之间的差距上市

从全球影视业来看，资金实力是决定影视企业市场地位的核心要素。就以电影票房为例，中国电影 2009 年一年的票房是 60 亿元，而《阿凡达》在 17 天时间里，其全球票房就达到 13 亿美元。这就是说，一部《阿凡达》用 17 天的时间，就把中国一年的票房超过了。

近年来，我国文化产业和影视娱乐产业确实也获得了高速发展。但电影产业在资金实力、经营理念、管理水平、市场规模等多方面均与国际知名电影公司存在一定差距，尤其是资金实力差距甚远。

国际知名电影企业均已实现上市且建立了畅通的融资渠道，这些公司凭借强大的资金实力吸引优秀的导演、演员和经营管理人才，创作出质量上乘且具有较强票房号召力的大制作影片，从而在竞争激烈的电影市场确立了自身的强势地位。而国内影视企业绝大多数还未建立资本市场的直接融资渠道，而影视行业轻资产的特点又较难获得传统的抵押贷款，受资金实力约束，国内影视企业能公映播放的影视剧生产规模和收入规模，与国际企业之间相比根本不在一个数量级上。

国内影视企业若不能尽快建立资本市场融资渠道，提升资金实力和生产规模，就无法真正建立影视业"大投入、大产出"的工业化生产模式，只能停留在"作坊式生产"的初级阶段；无法通过密集出片来减少业绩波动性并增强业绩的可预测性；无法通过对影视作品深层次、多样化的开发来获得新的利润增长点。因此也就难以与国际企业分庭抗礼，也不可能成长为具有国际竞争力的影视企业。

华谊兄弟能在影视产业中站稳脚跟，其中最主要原因就是其在资本运作上比较到位。

2009 年，华谊兄弟获得了一笔总额为 1.2 亿元的电影项目贷款，用以投资制作其 2009 年的 4 部电影，包括冯小刚的新片《唐山大地震》等。在中国电影市场融资渠道更加多元化和规范透明的大背景下，华谊兄弟又一次做了敢于吃螃蟹的人。

但即便如此，华谊兄弟的发展始终受制于资金瓶颈而无法进一步扩大影视作品的制作规模。

商业大片投资回报高、市场影响大、运作模式成熟，在国内市场上成功率高，华谊兄弟以此作为其电影业务的首选。但商业大片需要大额资金的投入，华谊兄弟的产量一直无法迅速提高，妨碍了公司电影业务收入的稳步提升。

以 2009 年为例，华谊兄弟因为在"五一"档缺少一部类似《功夫之王》这样的商业大片，从而导致其 2009 年上半年电影业务与 2008 年同期相比降幅明显，进而导致公司经营业绩产生季节性波动。

此番现状如何改变？华谊兄弟想到的办法就是上市。

创业板上市征程

相比股权转让及引进风险投资等方式，上市的融资方式显然对华谊兄弟未来的发展具有巨大的吸引力。在王中军看来，上市不但能给华谊兄弟带来足够庞大的资金，还能使企业得到第二次提升，使企业更加透明、公众化，拥有更好的融资渠道。

2008 年 1 月 21 日，华谊兄弟改制完成。

3 月，华谊兄弟董事会通过决议，开放股权给具有一定资格的员工与旗下明星。

6 月，华谊兄弟向中国证监会递交了中小板的上市申请。但随着金融危机在全球蔓延、雷曼兄弟倒闭，世界范围内的融资体系均进入停滞状态。9 月 16 日，中国证监会发审委宣布暂停新股发行审核。

2009 年 7 月 26 日，创业板开闸，华谊兄弟再次向中国证监会提交了上市申请，并聘请中信建投为保荐人。

9 月 26 日，国家关于《文化产业振兴规划》细则出台，明确提出要打开文化传媒行业的投融资渠道，培育大型传媒集团，落实财税和金融支持文化体制改革的配套政策。

9 月 27 日，中国证监会创业板发审委公告：华谊兄弟传媒股份有限公司顺利过会。也就在这一天的中午，当接到"过会"的喜讯后，王中军终于长长地舒了一口气。待情绪平复片刻之后，王忠军转过头，微笑着对身边的工作人员说："我终于可以有时间看看剧本了。"

2009 年"十一"国庆长假过后，华谊兄弟开始在上海、北京两地展开上市路演，向投资者"兜售"股票。

华谊兄弟刚一宣布上市计划，就引来投资者的关注和追捧，在询价过程中，券商甚至开出了 80 倍市盈率的"天价"。当看到上百人在现场排起了长队，感受到机构、散户对电影行业的热情，就连自信满满的王忠军也吃了一惊。而这种在证券业几乎从未没见过的热烈场面，同时也使得华谊兄弟的路演更像是一场盛大的电影首映礼。

10 月 15 日，华谊兄弟的网下申购开始后，即受到投资者的青睐。当日即超额 151.44 倍，募集的资金接近原计划的两倍。

不仅仅是在资本市场，在整个影视娱乐行业也是一样，众人都关注着华谊兄弟在创业板开演的上市"大片"。

最终，华谊兄弟的发行价格定在了 28.58 元 / 股。这同时也意味着华谊兄弟的 9 位原始股东迈入了亿万富翁的行列。其中，王中军和王中磊兄弟身价分别达到 12.55 亿元和 3.97 亿元。马云、江南春等 7 人的收益也超过亿元。华谊兄弟旗下的冯小刚则因持有 288 万股而进账 8231 万元。而另一位著名导演张纪中的身价也达到 6173 万元。持有 180 万股的黄晓明同时也入账 5144.4 万元。著名演员李冰冰账面身价达到 1028 万元。

10 月 30 日上午 9 时 30 分，华谊兄弟头顶着"中国影视制作第一股"的荣耀正式上市交易。由于受到投资者的热烈追捧，本计划募资 6.2 亿元的华谊兄弟，实际募资 12 亿元。

率先走出了"缺钱"的困扰后，华谊兄弟终于得以揣着 12 亿元开始实施其"一年拍几部电影、十几部电视剧"的计划了。

🗑 启示录

文化创意产业是创业板重点支持的产业之一，目前已受到国家高度重视。2009 年 7 月，时任国务院总理温家宝主持召开的国务院常务会议还讨论并通过了具有纲领性意义的《文化产业振兴规划》。

有新闻评论华谊兄弟："缺导演时来了冯小刚，没市场时有了贺岁档，资本少时引来马云、江南春，需融资时又准许创业板上市，遭遇产业链瓶颈时恰巧出台'金融支持文化产业新政'……"

回顾华谊兄弟的上市融资过程，我们发现：华谊兄弟在很大程度上摆脱了长期以来影视娱乐业经营的不透明和不规范等问题的困扰与束缚，大大提升了经营管理水平，在管理制度和经验理念上已经与国际领先传媒企业不相上下。

华谊兄弟得以在创业板先行"试水"，既是文化体制改革的成果，也是政府力推的经济行为。当然，华谊兄弟自身的努力同样重要。

另外，华谊兄弟在资本上的尝试，同样使得其所处的文化创意产业在市场化道路上又迈出了跨时代的一步。

Chapter4

第四章

节能环保的金色希望

第一节
太空板业：开创节能材料新时代

公司简介[①]

　　北京太空板业股份有限公司（股票代码：300344，以下简称"太空板业"），于 2000 年 12 月改制设立，注册资本为 24124.8 万元人民币。

　　公司主要产品——太空板，又称发泡水泥复合板，是以周边钢围框、内置桁架与发泡水泥芯材及面层复合而成的轻质构件产品。公司为"国家级高新技术企业"。2008 年被评为"北京市首批循环经济试点企业"。2009年"太空板"产品获得《北京市自主创新产品证书》。同年公司又被评为"中关村国家自主创新示范区创新型试点企业"。公司于 2009 年 8 月通过ISO 质量管理体系 2008 版换版认证。2010 年 5 月通过 ISO14001 环境管理体系认证。2011 年获得了"中国环境标志（II 型）产品认证证书"、中关村自主创新区"十百千工程企业"、"2010 年度丰台科技园精神文明先进单位"、"丰台区倍增计划重点企业"。

　　2012 年 8 月 1 日，太空板业在深圳交易所创业板挂牌上市。

---

① 资料来源于北京太空板业股份有限公司网站 http://www.taikong.cn。

📓 上市概述

一家成立时间只有 10 年的公司，能够被美国人竖起大拇指连连称赞，你能想象它有什么样的"绝密武器"吗？

以其当时的公司规模来说，它只能算是中等规模；以其当时的盈利水平来说，它也只能称得上比上不足比下有余。而它却可以只用 8 个工人，在不到一天的时间内建成一套既美观大方又节能环保的 70 多平方米的房子。更为神奇的是，它所展示的不仅是一种技术，更是一种"艺术"，被人称为太空板装配式住宅。

事实上，它的发明者樊立的野心从创业之初便已彰显："彩钢板占据市场，太空板是后来者。太空板经过这些年市场发展的验证，已经有足够能力替代彩钢板。"

国家特许的光辉岁月

樊立并不是从一开始就走上创业路的。20 世纪 90 年代初，他还是一家主营建材企业的员工，主要负责推广彩色压型钢板。

20 世纪 90 年代，正是我国工业持续高速增长时期，这种高速增长的背后必定会出现工业厂房、仓库等的大规模建设，如果使用传统的建筑方法，既耗时又费力，所以彩钢板作为一种用于屋面或墙面的新型建筑材料，很快占据了大部分市场。

樊立是一位敬业的员工。当他发现自己所推广的产品不仅存在达不到一级防火的要求，而且隔音保温效果差、无法防结露、易腐蚀等难以克服的缺点后，马上与公司相关领导进行了不止一次的沟通交流。最终结果却让樊立很失望，整个公司找不到一个人支持他的想法，他一个人也不可能变公司整个现有的技术、工艺、服务等进行重新研发。

难道只能这样眼睁睁地看着存在缺陷的产品在市场上大肆流通吗？

"必须研发一种新材料，无论是在技术、工艺方面，还是在性能、服务等方面都要超越，甚至可以直接替代彩钢板。"樊立不但有了想法，而且说干就干。

然而，付诸行动的第一个结果是：樊立失业了。与此同时，他又有了一个新的身份——创业者。当创业需要资金时，樊立拿出了自己所有的积蓄，尽管只有 20 多万元；当创业需要人时，樊立找来了三四十个农民工；当创业需要人才时，樊立又拉来了八九个搞技术的；当创业需要为产品起一个名字时，樊立一下子懵了。

起初，他想以"发泡水泥板"作为新材料的名称，随后他又感觉没有创意，那么究竟应该叫什么好呢？

有一天，樊立坐在电视机前面正在苦思冥想，突然一则果汁饮料的广告语吸引了他。尤其是"人类进入太空时代"这句广告词，马上激发樊立产生了一个新想法："发泡水泥板是一种新型节能材料，节能是未来长期的经济发展方式。我们的新材料干脆叫太空板。"

可惜的是，太空板并没有像它的名字那样可以飞入太空，甚至可以说是生不逢时。由于在 20 世纪 90 年代我国还没有制定关于工业建筑方面的节能标准，此时的樊立除了等待政策的明确支持，似乎什么也干不了。

2000 年 2 月 18 日，建设部终于发布了《民用建筑节能管理规定》（建设部令第 76 号）。2000 年 10 月 1 日，《民用建筑节能管理规定》正式施行，其中明确指出："国务院建设行政主管部门负责全国民用建筑节能的监督管理工作。""对不符合节能标准的项目，不得批准建设。""建设单位应当按照节能要求和建筑节能强制性标准委托工程项目的设计。"

乍一看到这一政策时，樊立高兴得差点跳起来——太空板的时代来临了。同时，樊立做了一件对公司未来发展大有裨益的事，进行公司改制，正式成立北京太空板业股份有限公司。

2002 年 6 月 20 日，建设部又发布了《关于印发＜建设部建筑节能"十五"计划纲要＞的通知》，其中明确指出：坚持节约建筑用能与墙体改革相结合。要发展建筑节能，采用保温隔热性能良好的墙体材料，就必须积极开展墙体革新；而要搞好墙体材料革新，就必须发展建筑节能。二者应当紧密结合，综合推进。

2004 年 10 月 12 日，建设部再次发布了《关于加强民用建筑工程项目建筑节能审查工作的通知》，其中明确指出：各级建设行政主管部门要加强对建筑节能重要部位专项检查工作，重点对建筑物的围护结构（含墙体、屋面、门窗等）供热采暖或制冷系统在主体完工、竣工验收两个阶段及时进行单项检查，以判定工程项目的新型墙体材料使用情况、屋面保温情况、门窗热工性能、供热采暖、制冷系统的热效率和管道保温情况等。

一系列的政策支持，无疑让樊立看到了更大的希望："我们看到国家走的可持续发展道路不可逆转，我们企业的发展之路也会越走越宽。"

2005 年，正当太空板业乘着"政策的东风"扬帆远航时，来自彩钢板的一个利好因素再次加快了太空板业的发展步伐。

由于彩钢板的使用寿命在理论上是 15 年，所以自 2005 年起，国内最早一批使用彩钢板的企业厂房因为寿命到期、钢板生锈、腐蚀漏雨不得不重建，如红塔卷烟厂、富康汽车厂，尤其是著名历史遗迹西安兵马俑博物馆使用彩钢板搭建的顶棚由于腐蚀漏雨而不得不拆除重建。

2006 年至 2007 年，由于早期使用彩钢板的工厂使用年限到期引发的更换潮越演越烈。很多企业和厂家，甚至是工业部门的领导、设计专家也开始思索一个命题，仅有 15 年寿命的彩钢板是不是最合适的建筑材料？

相比之下，太空板 50 年的理论寿命比彩钢板 15 年的理论寿命要高出 3 倍，而且樊立还有这样一笔明账："太空板是具有多项专利的节能环保高科技建筑材料，以矿渣、尾矿、污泥、粉煤灰等固体废弃物为原料，经过特殊工艺的加工制造，生产墙体和屋面材料，节能效率达到 70% 以上。"

如果说政策扶持成就了太空板业，那么彩钢板则是壮大了太空板业，彩钢板用自身的缺陷白白送给了太空板一部分市场空间。

2007 年，太空板业正式步入了国家特许的光辉岁月，由之前的年销量 10 ~ 20 万平方米一跃增长到了年销量 30 万平方米。

无心插柳柳成荫

这个世界说大很大，说小也很小。当樊立在国内大展拳脚时，肯定想不到在大洋彼岸的美国竟然与太空板业扯上了关系，甚至出现了我们在文章开头所描述的情景。

那一幕正是"卡特里娜"飓风重袭美国新奥尔良后，美国考察团来到北京太空板业股份有限公司欲订购板材，这对太空板业来说是一个考验。显然，结果是太空板业成功拿下了美国灾后重建千万平方米的订单。

可是樊立却怎么也高兴不起来。相对于太空板业只有 100 多万平方米的年产能来说，完成千万平方米的订单至少需要 10 年的时间，即使自己可以慢慢去生产，客户可以慢慢去等吗？

而解决的方法只有一个，扩大生产规模。但又苦于没有资金，樊立首先想到了向银行贷款。经过多次交涉后，银行给出的贷款条件是：以不动产作为抵押，可以最多一次放款 1000 万元。对于这两个条件，樊立感觉到了莫大的压力，由于高新技术企业的发展大多是靠自有资金的滚动，所以没有大规模的房屋、厂房等，再者 1000 万元根本不能满足樊立的需求。

银行的高门槛把樊立拒之到了千里之外。那么，樊立可以吸引风险投资机构或者私募机构的青睐吗？这一次，樊立把主动权握在了自己的手中。

2008 年，樊立看中了一家知名的投资机构，沟通的过程也比较顺利，但就在签约的前一天却出现了意外，对方无心的一个问题："你们的公司究竟能赚多少钱？"让樊立顿时感觉到自己差一点犯了一个大错误，怎么可以让一个不了解太空板业的企业做股东呢？

樊立当即作出了一个无奈的决定："我们不是不想融资，可我们需要真正看懂我们价值的投资商。"

心想者事竟成。2009 年，当樊立在河北曹妃甸创建生产基地时，怎么也不会想到就在这块土地上终于找到了可以读懂太空板业的投资机构——深圳创新投资集团有限公司（以下简称"深创投"）。

2009 年 10 月，樊立和几位公司高管来到曹妃甸工厂安排工作，同时走进曹妃甸考察项目的还有深创投北京公司一拨人马。虽然两者起初的目的不尽相同，但在曹妃甸管委会的撮合下，太空板业和深创投北京公司在北京的天空下没有相识，在曹妃甸却相恋了。

更加戏剧性的是，只是因为一顿午饭，两者对彼此都有了一个更深的了解。"我们细致地聊了聊，谈得比较认真，发现他们很符合深创投新材料领域的投资方向"，深创投华北区总经理刘纲说："根据国家《节能中长期专项规划》，未来建筑市场将是节能建筑的天下，低碳、节能、环保的建筑新材料总体市场规模至少有数百万亿元，潜力巨大。"

而樊立也曾明确表示："我们相信国家对节能建材政策的导向、落实，面临的市场机会将会越来越多。这也是我们说服投资人向我们投资的理由。"

2010 年 4 月，深创投结束了对太空板业的考察和市场调查，并获得了满意的结果。2010 年 5 月，以深创投为中心，数家投资机构为辅，共向太空板业投资 7700 多万元。

有心栽花不一定花能开，无心插柳往往柳成荫。其实，除了资金之外，深创投还为太空板业带来了一系列的正向反应。诚如樊立所说："深圳创新投资集团的投资，使我们建立起真正意义上的公司治理结构，公司的经营管理更加规范，这具有更大的价值，这些是未来太空板业发展提速的动力，也使我们对未来的创业板上市更加充满信心。"

太空板的时代来了

2011 年 3 月，公安部下发了公消 [2011]65 号文件，要求民用建筑外保温材料必须采用燃烧性能为 A 级的材料。紧接着，在节能材料市场掀起了一场波澜，不但节能材料的需求量急剧增加，而且价格也出现了几何倍数的增长。例如岩棉的价格，自"通知"下发后的短短几个月时间内，从 42 元 /m³ 暴涨到了 200 元 /m³。尤其是发泡水泥保温板在全国的需求量已经远远超过了生产量。

伴随着国家在建筑节能方面的政策导向进一步明确化，太空板的性价比优势在工业的整个中高端领域相对于彩钢板更加显著。换句话说，只要太空板业实施异地扩张战略即可带来工业领域业绩的稳定增长。

而樊立并没有被机遇冲昏头脑，并坦承："对于一个成立十几年的公司来说，要开拓全国市场，势必需要建立多个生产基地，仅靠自有资金滚动发展，销量增速谈不上快。"

言外之意，资金再次成为了太空板业不可逾越的屏障。只不过，这一次樊立想到的解决方法既不是求助于银行，也不是借力投资机构，而是开始筹划上市。

事实上，上市的想法在很早之前已经在樊立的心中定了型："我们一直在等创业板。对创业板的问题，我们已经认识很深刻了，激动了两三次，失望了两三次。"

之前失望的原因可能有很多种，但没有成为创业板青睐的公司是樊立失望的主要因素之一。所以，樊立在此次上市计划确定之后做的第一件事便是制定了"提供绿色产品，服务精品工程，打造太空板高品质形象"的总体发展战略，同时将太空板业打造成为国内技术领先、产品专业、服务规范的工业和民用建筑板材领域最有影响力的产业集团，只有这样才能符合创业板高新技术企业的标准。

2012 年 3 月 27 日，樊立迎来了第一个激动人心的时刻，证监会创业板发审委召开了 2012 年第 23 次发行工作会议，太空板业的 IPO 申请获得通过。

2012 年 7 月 19 日，樊立带领公司管理层主要成员，与保荐人（主承销商）相关人员等在全景网就本次发行举行了网上路演。

2012 年 8 月 1 日，太空板业在深交所创业板挂牌上市，发行股票2513 万股，每股发行价 16.8 元，共募集资金 42218.40 万元。

至此，樊立终于可以将积压已久的情怀痛痛快快地抒发一下了，并且连用了四个"等"表达了当时的心情："我们已经看到市场需求的提速带来的机会。我等了十几年，从一个年轻人等到一个老人，等来了一个需要我们提供产品的时代。我们终于等来了！"

截至 2012 年，太空板生产总量迅速提升到了 150 万 m^3，相对于"通知"下发前的约 10 万 m^3 扩大了 15 倍。

与此同时，太空板业的成功上市更意味着彩钢板的时代即将结束，太空板的时代正在拉开大幕。

☕ 启示录

太空板业成功上市的关键是坚持循环经济、绿色环保、节能减排等国家支持的元素，而其背后更深层的意义是：谁能够包含更多国家支持的元素，谁就能获得更丰厚的回报。

投资者亦然，他们绝不会把自己的钱投给那些国家政策不支持的企业。就像深圳市创新投资集团华北区总经理刘纲对看中太空板业并毫不犹豫地予以巨额投资的解释："因为太空板符合国家大力倡导的节能减排，发展循环经济和低碳产业的政策导向。"

第二节
天壕节能：合同能源管理第一股

🏢 公司简介①

天壕节能科技股份有限公司（股票代码300332，以下简称"天壕节能"）成立于2007年5月30日。

天壕节能秉承"以技术为先导、以资本为后盾、创新的商业模式、发展合作共赢的节能环保事业"的理念，以合同能源管理模式从事余热发电项目的连锁投资、研发设计、工程建设及运营管理。在余热发电领域，公司已经成为中国具有一定影响力的综合节能服务提供商，是目前国内以合同能源管理模式投资余热发电项目的领军企业。

天壕节能是北京市高新技术企业，"瞪羚计划"入选企业，北京市知识产权试点单位。公司组建成立了"天壕低碳技术研究院"，开展余热发电及其相关低碳技术的研发和利用。公司现拥有多项余热发电技术专利、专有技术和计算机软件著作权，涉足建材、钢铁、冶金、煤化工、矿产、建筑等行业。公司全资子公司河南天壕电力建设有限公司拥有电力行业（新能源发电）专业乙级设计资质和机电设备安装专业承包二级资质，通

---

① 资料来源于天壕节能科技股份有限公司网站 http://www.trce.com.cn。

过 ISO 环境质量安全认证。

公司投建的多个合同能源管理项目已成为行业的标杆，在合同能源管理市场树立了良好的市场信誉和"天壕"品牌较高的认知度。公司 2010 年—2012 年连续 3 年被中国节能协会节能服务产业委员会评为"中国节能服务产业年度品牌企业"。公司还获得中国节能协会评选的"2012 节能中国十大贡献单位"奖。天壕节能将继续秉承"节能、环保、共赢"的经营理念，为创造企业价值和社会价值而努力。

2012 年 6 月 28 日，天壕节能在深交所创业板上市，共募集资金 6.54 亿元。

📓 上市概述

如果有一个五年内可以扩大到 1000 亿市场规模的项目摆在你面前，你是否会心动？如果有一个可以造福传统行业、造福环境、造福人类子孙的项目放在你眼前，你是否会行动？

但是没钱，怎么办？

数年前，天壕节能董事长陈作涛经常抱怨的便是"缺钱"，而 2013 年，陈作涛经常说的一句话却是："上市以来，公司业绩和市值均保持稳定增长，治理水平逐步提高，品牌影响力越来越大。"

2012 年 6 月 28 日，天壕节能在深交所创业板挂牌上市，虽然经历坎坷，最终共募集资金 6.54 亿元，成功解决了资金瓶颈。

开启合同能源管理时代

斯坦尼斯拉夫斯基曾经说过："创业起始就像从几乎无路可通的丛莽中披荆斩棘，寻觅一处可能发现金沙的所在，然后淘尽了数千斤沙石，希望至少找到几粒金屑。"

陈作涛便是如此，从创业之处便开始怀揣着自己的梦想四处寻找"金屑"，旨在希望它们能够为自己的梦想插上飞翔的翅膀。

"十一五"期间，我国余热发电产业在财税、金融等政策的支持下加快了发展的步伐，也为很多创业者提供了施展才华的机遇和空间。

2007年年初，陈作涛对这一大好机遇已经从心动转向行动。但摆在陈作涛面前的一个无情的事实是，由于余热发电产业需要走EMC（合同能源管理，通过投资、建设、运营余热电站，将合作方提供的余热资源转化为电能供给合作方使用，以帮助合作方降低实际能源消耗，减少烟气排放；而公司按照合同约定的优惠电价和实际供电量与合作方进行结算，分享节能收益，获取投资回报）模式，而且这种模式与EPC（工程总包）相比需要囊括的环节更多，不仅涵盖投资，更需要建设、管理等，所以节能服务业，尤其是走合同能源管理模式的节能服务企业在前期必须垫付大量的资金。

而陈作涛选择的正是合同能源管理模式，这就意味着陈作涛想要踏进这个行业，只有先"砸钱"。

然而，陈作涛的创业对于当时的社会环境来说，可谓"生不逢时"。当需要资金的陈作涛想要寻找银行贷款时，却发现当时国内的很多银行都不愿意提供贷款，甚至可以说不可能为他提供贷款。即使北京银行、兴业银行、浦发银行和国际金融公司（IFC）能够提供一些短期贷款，陈作涛也发现这些银行的门槛太高，首先是从事EMC的企业规模要达到中等以上，其次要在金融系统具有良好的信誉，等等。

其实，与其说是银行等金融机构对EMC不熟悉，不了解，不如说是陈作涛没有找到真正的融资途径。

只要有需求，市场就会发挥作用，哪怕只是在某一个角落里。

为了尽快找到资金投资中国余热发电行业，陈作涛放弃了银行贷款，转而瞄向了境外融资。2007年2月6日，陈作涛在境外设立了节能控股，2007年2月16日设立喜庆控股，2007年2月26日设立境外融资主体中国节能（香港）有限公司（以下简称"节能香港"），2007 年 3 月 9 日设立资源控股。

表面上看，陈作涛似乎与自己的梦想愈行愈远，实质上陈作涛是在为折回境内作铺垫。当陈作涛搭建完成境外架构后，2007 年 5 月 28 日，节能香港与一家金融机构达成了一项约定，节能香港将向这家金融机构指定方发行一期 1.5 亿港元最长不超过 5 年的债券，随后再发行二期 2.4 亿港元最长不超过 5 年的债券，并约定债券持有人还将获得可认购节能香港 30% 股权的认股权证。

2007 年 8 月 17 日，节能香港在北京以 1 亿港元为注册资本独资设立了天壕有限。此时的陈作涛从某种程度上来说已经回到了国内，而且与香港一期 1.5 亿港元的融资同步进行的是，陈作涛已经在中国的湖南拿下了一个合作项目，并签订了合同。

然而，初期的创业者好像有一个共同的特征，那就是"福祸相依"。进入 2008 年，陈作涛刚融完资，也才刚开始六七个项目的运作，甚至与很多个有需求的企业刚进入谈判阶段，金融危机来了，陈作涛再次被推上了风口浪尖。

"我把我个人的房子卖了，所有资产都抵押出去，然后在国内进行增资，换取银行的信心，就是你是银行大股东，你对企业有信心，银行才会放松。作为实际控制人，你就必须站在前面担当，那时候团队都没有介入这个风险，完全是我们自己在担当。这个过程考验了企业家的承受力。"陈作涛几乎每次回忆起当时的情景往往都会心有余悸。

因为当时的陈作涛曾庆幸自己还有二期融资作为后盾，不会受到金融危机的影响，却不曾想，先前已经约定好的那家金融机构突然食言了，这意味着陈作涛的资金链马上陷入了将要断裂的局面。

所以才出现了陈作涛所回忆的卖房子的场景，而所有这些都是为了达到一个目的，即满足银行贷款条件。

只不过，陈作涛的房子以及其他资产所产生的力量太小了。由于天壕有限复杂的境外股权架构及其大额债务都让境内商业银行对其风险性不敢断定，于是提出了只有天壕有限进行较大幅度增资以增加担保能力和偿债能力，并简化控股结构才有可能获得贷款的条件。

陈作涛不得不将股权从香港转回境内，同时由北京德之宝投资有限公司（实为陈作涛控制，以下简称"德之宝"）先后共向天壕有限增资人民币3627.5万元。最终，陈作涛成功拿到了6100万元的银行贷款，将天壕有限从悬崖边挽救了回来。

法国古祖特曾说过："不能等别人为你铺好路，而是自己去走，去犯错，而后，创造一条自己的路。"

2010年4月，国务院针对合同能源管理（EMC）的模式发布了一项鼓励政策，而陈作涛似乎还有些担心："公司从事余热余能的利用需要涉及电力行业，而电力行业比较敏感。例如，公司需要与电网企业协商办理上网手续，还要缴纳各项费用，这在很大程度上增加了余热利用类企业的成本；此外，政府对余热利用产业的一些支持政策在落实中也会遇到各种各样的困难。从电网企业的整体规划来看，余热利用企业向电网缴纳一定的费用是天经地义的，但这笔费用是否有可能适当控制，避免过度增加余热利用企业的成本，这方面公司也期待政策予以更大的支持。"

担心归担心，却不能停下脚步坐收渔利。2010年10月21日，陈作涛将天壕有限整体变更为天壕节能科技股份有限公司，并坚持走合同能源管理模式发展道路，同时将这一模式的优点在市场上绽放，如不需要客户任何投资，哪怕是一分钱，也能为工厂和设备进行升级，更为重要的是可以降低工厂运行成本。

无论是哪个时代的企业，也不管是大企业还是小企业，只要提及成本无不触动心弦。所以，截至2011年年底，天壕节能已实现营业收入18307.26万元，已投入运营及在建拟建合同能源管理项目高达29个。

借力资本终成果

历史曾不止一次地证明骄者必败。换句话说，能否在小有成就后将满足和自豪感作为以后创业路上的目标追求始终是拷问每一个创业者的巨大命题。

根据国家统计局 2011 年统计公报显示，2011 年我国全年能源消费总量 34.8 亿吨标准煤，万元国内生产总值 (GDP) 能耗下降 2.01%，未达到 2011 年单位 GDP 能耗较上年下降 3.5% 的目标。

于是，国务院发布了《"十二五"节能减排综合性工作方案》提出了到 2015 年要实现 6.7 亿吨标准煤的节能量，同时该《方案》提出了更为明确的要求，到 2015 年，我国余热余压发电要实现新增装机 2000 万千瓦。

对于节能服务企业来说应该怎么解读这项政策呢？发改委能源研究所副所长戴彦德给出了答案："在工业节能中，潜力最大的方式是余热余压的利用，而合同能源管理（EMC）是行之有效的方式之一。"

陈作涛曾算了一笔账，如果按照"十二五"期间余热余压发电要实现新增装机 2000 万千瓦的要求，以保守造价人民币 4000 元 / 千瓦计算，"十二五"期间余热余压发电将形成人民币 800 亿元的市场规模。

对此，陈作涛或许曾偷偷地高兴过，但他没有忘记历史曾出现的失败教训以及那个巨大的命题，更没有忘记合同能源管理在越大的机遇面前越需要更多的发展资金。

尽管此时的很多私募投资者以及银行等金融机构对天壕节能的市场地位和良好的经营效益表示了认同，但天壕节能还在不断签订更多的项目，这就好像一个巨大的窟窿，一旦私募投资者以及银行等金融机构撤资或停止注资，天壕节能便会马上陷入绝境——不但无法如期完成项目从而降低收入，而且也会因为违约而造成巨额赔款。

正当陈作涛为此吃不下睡不着时，2012 年年初，环保部下发了《环境服务业"十二五"规划（征求意见稿）》，并提出，要加快发展环境金融服务，积极支持符合条件的环境服务企业进入境内外资本市场融资，采用股票上市、债券发行等方式多渠道筹措资金。

那么，借力资本市场，不也正是解决天壕节能融资问题的有效途径吗？

2012年3月初，天壕节能科技股份公司正式向证监会提出了创业板IPO申请。可是，令陈作涛怎么也没有想到的是，当时中国证监会面对合同能源管理犹如陌路人。所以，陈作涛想要上市的第一步就是竭尽全力让中国证监会等相关部门认识、了解，更重要的是相信合同能源管理。

2012年3月9日，天壕节能科技股份公司创业板IPO申请通过了证监会的审核。

2012年6月15日，天壕节能科技股份公司新股发行网上路演正式拉开了帷幕。在经历了打破"路演吉尼斯纪录"的68场路演后，天壕节能顶住了所有的压力一路走了下来。

2012年6月18日，天壕节能在创业板成功挂牌上市，首次公开发行8000万股A股，占发行后总股本比例的25%，发行价为8.18元/股，共募集资金6.54亿元。与此同时，天壕节能也以市值超30亿元的成绩成为了"合同能源管理第一股"。

很显然，这是一件与以往完全不同的值得骄傲的事，也难怪每当陈作涛提及此事都会说："我们在处理这个的过程当中，能够让每个人都有准确的认识和定位，我认为很不容易。"

🗑 启示录

天壕节能成功了，但它绝不是单纯依靠想象成功的，而是脚踏实地做出来的。

从陈作涛开始的一个想法，到艰难的融资路，陈作涛付出了太多。但更重要的是，天壕节能坚持在余热发电这一细分市场深耕细作，把合同能源管理模式真正推向了市场，得到了更多客户的青睐。

同时，天壕节能创富的推动力还有其高效的企业资产管理能力，优秀的企业管理团队，以及良好的技术研究与开发应用、优质的客户资源、强大的品牌实力等。

Chapter5

第五章

医疗制药的康庄大道

第一节
我武生物：原创药行业龙头老大

🗂 公司简介①

浙江我武生物科技股份有限公司（股票代码：300357，以下简称"我武生物"或"公司"）是一家专业从事过敏性疾病诊断及治疗产品的研发、生产和销售的高科技生物制药企业。

公司主营创新药物，拥有国际领先水平的生物制药技术。

公司瞄准具备"大病种、大市场"特点的过敏性疾病诊断和治疗市场，从需求大、成长较快的呼吸道过敏性疾病的诊疗首选切入；依托具有全球研发视野和丰富运营经验的专业团队，以及领先、并具多重知识产权保护的变应原药物技术平台，持续研发各类脱敏治疗药物和诊断试剂。

公司自主研发的产品曾获得国家高新技术产业化项目、省重点高新技术产品计划等项目支持。脱敏药物系列产品的开发，填补了舌下脱敏药物及过敏原皮肤点刺诊断试剂在国内市场的空白；同时公司已经启动了向全球各个主要经济地区成药出口的法律注册程序。

我武生物将通过产品的不断创新和服务的全方位升级为中国的过敏性

---

① 资料来源于浙江我武生物科技股份有限公司网站 http://www.wolwobiotech.com。

疾病的诊断与治疗事业开辟一片新天地。

2014 年 1 月 21 日，成功登陆创业板。发行股票数量为 2525 万股，发行后总股本为 1.01 亿股，发行价为 20.05 元 / 股，对应发行后的市盈率为 39.31 倍。

上市概述

胡赓熙出生于 1964 年，1984 年 7 月从杭州大学获得生物学学士学位后，便与生物学结下了不解之缘：1989 年在中科院上海细胞生物学研究所获得细胞生物学博士学位，同期赴美麻省理工学院健康中心从事博士后工作；1997 年回国受聘为中科院上海马普客座实验室第二小组青年科学家，创建人类基因组学实验室，开发生物芯片相关技术；2000 年创办上海数康，任总裁，同时担任国家 863 生物信息专家组副组长；2001 年投资设立湖州数康；2002 年创办我武生物，任董事长。

可以说胡赓熙身份角色的转换，是神奇的，是令人意想不到且又顺理成章的事情。

一次采访，在未见到胡赓熙本人时，记者对他是这样的一种猜想："一说起博士，除了满肚子学问，给大家的印象多半是傻里傻气，要不都说'傻博士'呢？整天琢磨定理公式，走路都得撞电线杆子；一说起 CEO，那又是另一类人，他们的基本特点是脑子活泛，个个都是人精，整天琢磨的是怎么赚钱。博士的傻气和大老板的精明似乎永远不沾边。可现在时代不同了，从前不沾边的事情现在就能沾上边。那要是一个傻博士当上了 CEO，会是什么样呢？"带着这样的疑问，记者见到了胡赓熙。

记者对胡赓熙的第一印象就是：平头、戴眼镜、衣着随便，不修边幅，有种整日埋首于斗室、兀兀穷年地钻研科学"牛角尖"傻博士的派头。但是，这只是表面现象，他可不是一个傻博士。仔细想想，对大多数人而言，从博士到 CEO，完成这一角色的转换是一件很艰难的事情，但对于胡赓熙而言，却是一件轻而易举、水到渠成的事情，在毫不费力的情况下就完成了这种转换。

对这样轻而易举的转变，胡赓熙曾解释道："人们对自然科学的研究都是有目的的，而这个目的通常都是人为的，完全由好奇心驱动而进行的科研行为是很少的。"即一切科学研究的最终目的就是落实在实际应用上，使其服务于社会，拥有人文关怀的科学家往往代表着一个正常有序的社会的理智和良心，而胡赓熙就是这样一位拥有人文关怀的科学家。

胡赓熙同样也说过："高新技术如果不能发展成产品，产品如果不能产业化，整个过程只是一种高级游戏而已。"为了实现这一理念，胡赓熙决定创办我武生物，然而没有启动资金成了最致命的弱点。我武生物的创办得益于胡赓熙 2007 年创办的上海数康生物科技有限公司（简称"数康生物"），数康生物发明的"C12 肿瘤检测芯片"，为我武生物的创办捞取了数千万元的启动资金。

十年磨一剑

胡赓熙所从事的行业与生命息息相关，所以与其他人相比，他对生命有独特的理解和感悟。他认为，"科学服务于人类、服务于百姓生活"。

中国南方有一种通过咀嚼老仓米来治疗过敏性哮喘的古方，对此胡赓熙曾解释道："咀嚼老仓米的过程实际上就是让对尘螨过敏的人，通过口腔由少到多地接触过敏原，从而使身体产生对过敏原的耐受性，最终彻底摆脱过敏。"老仓米是掉落在米店角落或地缝里，在肮脏的环境中历经数年被捡起来的米粒。虽然这种方法听起来令人不可思议，但是这种方法能在民间流传几百甚至是几千年一定有它的可信之处。就是受此启发，胡赓熙于 2002 年创办了专门研发过敏性疾病治疗和诊断药物的我武生物。

其实创办我武生物还有另一方面的原因，据相关数据显示，目前全球患有过敏性疾病的人占 22% ~ 25%，其中儿童数量最多，并预计到 2020

年患病率将达到 40%，对此胡赓熙曾幽默地说："过敏是一个发病率很高，却被'睁着眼睛'忽视的疾病。"

正是基于对生命独特的理解与感悟，且对人文关怀的信仰，胡赓熙创办了我武生物。之所以取名"我武"，胡赓熙自豪地说："公司名字取自'我武惟扬'，寓意自力更生、不断进取。"

在创办之初，胡赓熙就表示："做仿制药没有什么前途，要做就做别人没有的。"但是要想在中国这个仿制药大国做原创药并不是一件简单的事情，要面临多方面的挑战，例如资金、人才、商业环境等。胡赓熙就开玩笑地说："国际惯例是用 10 亿美元、10 年时间开发一个新药，我们在这个数字面前像是'叫花子'。"所以在资金如此有限的情况下，胡赓熙决定采取"伤其十指，不如断其一指"的方法，将全部资金集中投资在重点项目——尘螨过敏项目的研发上。2007 年 4 月，专门针对最大的过敏原尘螨过敏的脱敏含服药"畅迪"获批上市；2012 年，已有七百多家医院、上百万名过敏患者正在或已经使用"畅迪"。

看似不起眼的一次项目研发，造就了一家行业龙头老大。

境外上市遇挫

寻求企业的发展，是每个企业时时刻刻不能忘记的使命，当然胡赓熙也没有忘记，而充足的资金是企业发展的坚实支撑。在创业初期，由于融资渠道有限，公司规模小，难以从银行等金融机构获得大规模的融资，所以资金主要来源于股东的投入。随着企业的发展，公司增加了银行借款来满足日益增长的资金需求。

寻求企业的发展是无止境的，对资金的需求也就更加迫切，所以胡赓熙决定登上更大的资本平台，来募集更多的企业发展资金：海外上市。然而，我武生物上市的主体是一家由实际控股人控股的英属维尔京群岛企业，名为 York Win，曾持有我武生物全资子公司我武香港 100% 的股权。York Win 作为控股公司，是我武生物的上市主体，如果 York Win 能够顺利在境外上市，我武生物也能顺利在境外上市。

2007 年 9 月 4 日，York Win 引入一家名为 Atlantis Investment Management Limited 的境外投资者，并以 2000 万美元购买其 25% 的股权，但是不幸的是在 2010 年 9 月 14 日之前，York Win 没能公开发行股票并上市，所以 Atlantis Investment Management Limited 这家境外投资者退出，York Win 的回购价格为出让价格的 118%。

由此，我武生物的海外上市之路终止，而这一坏消息严重冲击了胡赓熙的内心。

转闯创业板 IPO

胡赓熙曾谋求在海外上市，却碰了一鼻子灰。然而胡赓熙没有被打败，而是鼓起勇气，返回境内，勇闯创业板 IPO。

这一次，令胡赓熙和我武生物的每一个员工都喜出望外，我武生物顺利通过了证监会的审核，成为 2014 年第一个成功登陆创业板上市的企业。

的确，在上市之前，我武生物受到的市场争议颇多，产品结构的单一、募投项目产能的消化问题引起各界的关注。

针对企业产品结构单一这一问题，胡赓熙表示，2010 年至 2012 年，与国内同类产品相比，公司主打产品"粉尘螨滴剂"的市场占有率分别为 45.28%、57.45%、61.27%，其增长速度迅猛。与此同时，当时我武生物共有 6 个在研项目，分别处于不同的研发阶段，随着市场的开拓和新产品的面市，公司将会继续保持良好的发展势头。

对于募投项目产能消化的问题，胡赓熙表示："公司已经做好加班、甚至三班倒准备产能的准备，想办法解决产能瓶颈。并且按照公司募集资金项目投资计划，募集资金到位两年后'粉尘螨滴剂'新生产线可以投入生产，届时可以有效缓解产能无法满足市场需求的状况。"

上市计划中，我武生物拟向社会公众发行人民币普通股数量 2525 万股，占发行及发售后总股本的 25%，实际募集资金扣除发行费用后的净额 19285.63 万元，全部用于公司主营业务相关的项目。预计募集资金到位后，再加上资金的成功运用，公司的竞争实力和抗风险能力能得到有效提高，企业规模也能得到进一步扩大。

最终，我武生物于 2014 年 1 月 21 日，成功在深圳证券交易所创业板上市。上市首日就上演了开门红，以 24.06 元高开，高涨 45.39%，报收于 29.15 元。

对投资者的判断

我武生物的上市之旅，走得确实很艰辛：海外上市遇挫、创业板上市前遭质疑、不断地融资，最终幸运降临，我武生物成功创业板上市。在一次采访中，胡赓熙分享了他的经验，尤其在投资者好坏的判断方面，在胡赓熙看来，"选错了投资者其实就是输在了起跑线上"。根据自身经验，胡赓熙总结了 7 个判断投资者好坏的经验。

（1）从基金角度而言，合理的回报是一个好投资者所追求的，而不是夸大其词地告诉你他的"辉煌战绩"。例如他投资了一个项目赚了 150 倍。

（2）了解产品的发展规律是一个好投资者必备的。据胡赓熙回忆："我们曾经有一个投资者在我们产品上市以后说你第一年才卖 1000 多万元，不卖 3 个亿怎么对得起我。"

（3）平等对人是一个好投资者必备的素质，总是自以为是，一定不行的。

（4）一个好投资者不会随便做出承诺。胡赓熙说："我从来没有见过一个基金能够提供哪怕一次钱以外的帮助，永远做不到。"

（5）好的基金投资必须建立个人友谊，不能让投资者有高高在上的自豪感。

（6）一个好投资者应该是容易相处的人，而不是搭戏台子卖螃蟹。

（7）诚实是一个好投资者必备的另一个素质，即他不会对投资项目夸大其词，会给我们一个明确的答复。就像胡赓熙说的："有一些不好的基金人有一个习惯，就是对所有的人和项目都表示有强烈的兴趣。如果你碰到一个基金说我对你这个项目暂时不感兴趣，能够有这样的说法一定是好基金，因为他诚实。"

☕ 启示录

在我武生物网站的首页有这样一段话："我武致力于开发最好的药物，以帮助世界各地的过敏性疾病患者。在我武，我们的灵感来源于一个唯一的目的——您的健康。"

在日益激烈的市场竞争中，胜利者都有其独特的秘诀，而我武生物胜利的秘诀就源于原创药——创造了一个好产品。一个好产品创新研发的最终动力是人才。深知这一道理的我武生物，即使是从事最底层工作的工人也是本科毕业生。由此，胡赓熙总是自豪地称："这是一支高智商的团队，我们的目标是做自主创新的医药品。"

第二节
泰格医药：中国临床 CRO 产业的 No.1

📦 公司简介[①]

杭州泰格医药科技股份有限公司（股票代码：300347，以下简称"泰格医药"），成立于 2004 年 12 月 15 日，专注于为医药产品研发提供临床试验全过程专业服务与解决方案的合同研究组织（CRO）。公司自成立以来，一直致力于为客户提供高质量和高效率的医药研发服务，帮助客户降低研发风险、节约研发经费，推进产品市场化进程。

公司总部位于杭州，下设 23 家子公司，构筑了涵盖临床研究产业链各个环节的完整服务体系。在国内 43 个主要城市和中国香港、美国等地设有服务网点，拥有 1000 多人的国际化专业团队，建立了国际标准的操作规程（SOP）。截至 2013 年底，泰格医药已经为国内外 300 多家客户成功提供了 300 多项临床试验相关服务。因为参与 42 个国内创新药的临床试验（包括 29 个新化学单体和 13 个新生物制品），泰格医药被誉为 "创新型 CRO"。

2012 年 8 月 17 日，杭州泰格医药科技股份有限公司登陆创业板，发行 1340 万股，发行价为 37.88 元 / 股，对应市盈率 44.05 倍，根据首日收

---

① 资料来源于杭州泰格医药科技股份有限公司网站 http://www.tigermed.net/index.php
index.htm。

盘价，泰格医药的市值将近 27 亿元。

上市概述

如果说有一种行业可以在经济下滑期继续攀升，如果说有一种行业可以在大环境影响下持续发展，那么这一行业必然是医疗行业。

纵观古今中外，无论贫穷或富有，有谁生了病可以不吃药？答案不言自明，而其背后却衍射出一种经济现象——药品市场需求的快速增长。

可是，在近几年制药厂商的发展过程中，研发外包机构的作用越来越重要。拥有一家怎样的研发外包机构，已经成为关乎制药厂商所研发的新药能否成功上市，以及上市早晚的大问题。

泰格医药便是这样一家正在影响和改变药品市场的权力结构和财富分配的企业。2012 年 8 月 17 日，它在中国创业板淋漓尽致地诠释了自身的实力，以泰格医药上市当日发行价格为 37.88 元 / 股为例，首日收盘价上涨 32%，高于发行价 12.12 元。

泰格医药的创始人叶小平和曹晓春更是一朝暴富。

关上一扇窗，打开一扇门

出生于 1969 年的曹晓春，自从来到这个世界上，便相信自己身上有一种商业基因，因为她的父亲在她上大学之前都一直是一个在当地小有名气的商人。

但是，曹晓春更大的理想是当一名医生，甚至违背了父亲的遗愿报考了医学院。只不过，天公不作美，尽管曹晓春在实习期间曾一度在医院配合医生进行手术，而最终的结果是杭州中美华东制药有限公司（以下简称"华东制药"）成了曹晓春的第一个正式工作地点。

在此期间，曹晓春实为身在曹营心在汉，她依然没有忘记自己想要成为一名医生的理想。于是，当华东制药的下属公司杭州九源基因工程有限公司（以下简称"九源"）的一位负责人信誓旦旦地告诉曹晓春："你过来吧，我以后会开个医院，那时你就可以当医生了。"曹晓春便迫不及待地跳槽了。

事实上，对于曹晓春而言，"当医生的理想"只不过是她人生旅途中的一道可望而不可即的风景线，因为曹晓春在九源的主要工作只是做药物临床试验。

庆幸的是，曹晓春是一个既来之则安之的人，这种性格也让她有机会接触到了一种新事物——CRO（合同研究组织，即研发外包）。当时，九源的一个临床项目突然交给了新加坡一家 CRO 公司，这让曹晓春感到非常意外，后经多方打听才得知，这家新加坡 CRO 公司拥有更加专业的临床试验团队，九源与其合作，不仅可以缩短研发时间，推进药品早日上市，更重要的是可以降低成本。

可以说，九源破灭了曹晓春的医生理想，却也开启了她的另一段人生之旅。九源与新加坡 CRO 公司的合作使得曹晓春久久无法释怀，尤其是当她得知 CRO 起源于 20 世纪 70 年代的美国，在中国市场上还是一个空白时，一股创业的冲动油然而生。

然而，正如所有的创业者都需要团队的力量发展壮大一样，曹晓春第一时间想到的是找之前做项目的过程中结识的叶小平博士一起下海。当时，虽然叶小平十分支持曹晓春的想法，但他依然选择留在了上海罗氏制药有限公司。

所以，于 2002 年 11 月 11 日成立的泰格咨询有限公司（以下简称"泰格咨询"）的股东名单中，只有叶小平的妻子朱晓擎、曹晓春及其丈夫王晓钧。

不管怎样，曹晓春真正下海了，而且市场给予她很大的厚爱。华东制药首先给了曹晓春一个施展才华的机会，把一个已经开始了一年却很难再进行下去的临床项目交给了泰格咨询。曹晓春心知，这既是机会更是考验，如果能够顺利拿下这个项目，便会对以后的发展奠定基础。

果不其然，当曹晓春高效高质地完成华东制药的临床项目，并为其节省了120万元的临床费用后，天津药物研究院的一种肝炎药物需要做的临床试验马上交给了曹晓春。

最后，曹晓春不负众望，相比天津药物研究院的竞争对手提前一年将其产品成功推向了市场。

泰格咨询在业内一举成名，而真正吸引叶小平加入的原因是从2003年9月1日正式实施的《药物临床试验质量管理规范》，对药品临床试验提出了更高的要求。叶小平从其中清晰地意识到，越来越多的医药企业必然会寻求与专业机构合作进行临床试验，CRO在中国必然会拥有更大的市场空间和广阔的发展前景。

2003年，叶小平辞去了上海罗氏制药有限公司的工作，正式加入了泰格咨询，同时，留学归来的施笑利也加入了泰格咨询。

当一股新生势力凝聚到一起时，必然会产生一个新事物。

2004年12月，叶小平、曹晓春等人在杭州文三路上一间只有50平方米的办公室创办了泰格医药科技有限公司。的确，他们当时的条件谈不上优越，正如曹晓春曾说："创业之初的条件比较艰苦，我们俩人既是老总也是员工，一切都是白手起家。"

而且，在这个注册资金50万元的新公司中，曹晓春的股份减少了许多，只有叶小平的1/3左右，但曹晓春有自己的想法。

"股份多少没什么意义，"曹晓春的远见和胸怀在此时展露无遗，"能够把公司做起来，才是最大的收益。你占的股份多不一定得到的多。我少一点，让叶博主导做这件事，这个公司才会做起来。我一直觉得靠我自己是肯定做不成的。"

发展国内，不忘国外

管理学大师彼得·德鲁克曾经说过："创业之所以含有'风险'，其中主要原因是在所谓的企业家中，只有极少数人知道自己正在干什么。"这句话好像就是针对曹晓春说的。

"从创立公司起，就觉得这该是家中国的公司，不能变成国外的。"2005 年，曹晓春便给泰格医药拟定了愿景：做国内最好的 CRO 公司。

而曹晓春之所以敢制定这么大的目标，自然有她的本钱。除了陆续加入泰格医药的海归团队，更重要的是，有多年罗氏工作经验的叶小平为泰格医药的快速发展奠定了基础。例如，叶小平为泰格医药引入的国际化标准操作流程，使得泰格医药在整个试验过程中对提高质量有了保障。

人才优势正是曹晓春在创业过程中最值得骄傲的："我们主要的优势是人，没有哪个国内 CRO 有这么强的队伍，而且高层没有走的，中层离职率也很低。"在泰格医药的员工中，不仅有大批心血管、肿瘤专家，而且 50% 以上的员工都是硕士文凭，他们无疑成为了泰格医药发展的巨大推手。

与此同时，也正是基于泰格医药优秀的团队，曹晓春在第一次面对资金问题时不费吹灰之力跨了过去。

知名的风投机构启明创投对国内 CRO 进行调研后认为："泰格是行业的领先者，泰格的管理团队有很高的专业性，公司员工有多年的国际国内相关服务经验，并能广泛招募优秀人才，从人才上有持续发展力。3 年内很有希望成为行业规模第一的公司。"

2008 年 3 月，启明创投主动找到了泰格医药，并通过 QM8 平台向泰格医药注资 500 万美元，占股 15%。

其实，曹晓春不仅仅是一个行业专家能够随时发现机遇，她还具有独到的企业家眼光以及时抓住隐藏在身边的机遇。

2008 年，泰格医药正是步入转型阶段，由国内市场向国外市场扩张。对此，曹晓春给出的理由是："转型原因无非是经历 6 年发展期的泰格，到了一个新阶段，有能力服务质量要求更高的外企了。"

那么，泰格医药可以轻而易举地获得国外客户的认可吗？在当时来说，如果连开电话会议的能力都没有的 CRO 公司，国外客户肯定不会放在考虑范围之内。而这正是泰格医药所欠缺的。

这时，启明创投的作用开始显现。泰格医药借助启明创投的注资成功收购了一家做国际多中心临床，且有相应的人做高端统计分析的公司——美斯达。

2010 年 5 月初，一家曾经的临床试验都是交给全球 CRO 行业排名前五的企业去做的公司——国际知名生物医药企业 Celgene 公司，与泰格医药建立了长期的合作关系。原因很简单，泰格医药成功组织并召开了 Celgene 公司的一个国际多中心临床项目的研究者会议，Celgene 公司从中看到了泰格医药专业的团队、大规模国际多中心临床的组织管理经验以及完善的质控体系。

2010 年 3 月，启明创投再次主动通过 QM8 平台向泰格医药注资 200 万美元认缴泰格医药部分股份。

2010 年 11 月，泰格医药科技有限公司整体变更为泰格医药科技股份有限公司。

截至 2011 年 12 月 31 日，泰格医药已与 390 家临床试验机构开展合作，并参与了 25 个新化学单体和 10 个新生物制品的临床试验，其中包括了国家"十五"、"十一五"、"十二五"重大科技专项 7 个，国家 863 计划项目 10 个。

其实，在泰格医药不断发展壮大的过程中，全球最大的 CRO 公司昆泰曾主动找上门来，但当曹晓春得知昆泰的目的是想并购泰格医药时，她马上拒绝了。因为曹晓春在实现了"成为国内最好的 CRO 公司"的目标后，已经为泰格医药制定了一个更大的愿景：做亚太最好的 CRO 公司。

山路不通走水路

如果按照曹晓春为泰格医药制定的新目标（做亚太最好的 CRO 公司）

走下去，泰格医药的触角必然会不断伸进越南、菲律宾和韩国等地。

当时，曹晓春还为泰格医药描绘了一幅蓝图："今后将以中国香港为据点，对外设立子公司。业务不大的时候可以找当地合作，慢慢扩张，积累起一定的业务量便可以自己运营。"

理想总是很美好，现实却是很残酷。曹晓春要想把这一蓝图从大脑中搬到现实世界，首先意味着她必须有充足的资金作为后盾。

但是，并不是所有的投资机构都像启明创投一样会主动把钱送上门来。即使泰格医药 2012 年 1 至 6 月营业收入较上年同期增幅为 31.11%；公司的净利润较上年同期增幅为 38.80%，尽管泰格医药的发展前景一片光明。

在这样的背景下，曹晓春选择了通过上市来解决泰格医药的资金问题。这也是曹晓春曾经在拒绝昆泰时做出的一个决定："我们会在合适的时候作为中国的 CRO 独立上市。"再加上风投机构对泰格医药的"不感冒"，更让曹晓春坚定了这个信念。

可是，曹晓春怎么也不会想到，CRO 在证监会网站公布的《创业板发行监管部首次公开发行股票申报企业基本信息情况表》（截至 2012 年 1 月 31 日）中，其所属领域竟然被列入科技成果转化服务。

虽然泰格医药曾一度成为业界笑柄，却并没有打击到曹晓春上市的信心。

2012 年 4 月 10 日，证监会创业板发审委审核通过了杭州泰格医药科技股份有限公司首发申请，预示着泰格医药在上市进程中迈出了重大一步。

2012 年 8 月 17 日，杭州泰格医药科技股份有限公司在创业板挂牌上市，发行 1340 万股，发行价为 37.88 元 / 股，对应市盈率 44.05 倍，首日收于 50 元，上涨 32%。根据首日收盘价，泰格医药的市值将近 27 亿元。

无疑，泰格医药成为了一家成功上市的创业板公司，那么它也就和其他创业板公司一样也会造就一批亿万富翁。只不过，泰格医药造就的富翁里面，曹晓春的财富不是最多的，而是泰格医药控股股东、董事长兼总经理叶小平。如果以叶小平持有 1488.896 万股，泰格医药发行价 37.88 元 / 股计算，叶小平身家超 5 亿元，可谓一朝暴富。

☕ 启示录

如果仔细研究泰格医药的上市历程，我们不难发现它之所以能够成功上市是因为自身的正能量所产生的一系列正向反应。

泰格医药有一个正确的经营管理理念，从而带出了一支优秀的团队，进而构建了严格的质量控制体系，紧接着提高了及时交付能力，顺理成章地获得了良好的客户关系和良好的口碑，那么由老客户引入新客户的业务模式便水到渠成，最终能够成功上市也是理所当然。

第三节
博雅生物：
突破江西本土企业零上市纪录

🏛 公司简介[①]

　　江西博雅生物制药股份有限公司（股票代码：300294，以下简称"博雅生物"）位于物华天宝、人杰地灵、素有"才子之乡"、"文化之邦"之美誉的江西省抚州市。公司成立于1993年，是江西省唯一一家经国家认定的血液制品定点生产单位，现有员工450多人，其中专业技术人员占35%以上，大专以上学历占50%，研发人员占比达到10%。1998年率先在全国血液制品行业中通过国家药品GMP认证；2001年被认定为国家火炬计划重点高新技术企业；2009年，公司投资1.5亿元，在抚州市金巢经济开发区建造的一座年投血浆500吨的现代化生物制药产业园正式投产；2010年被认定为国家级高新技术企业，建有省级企业技术中心。

　　经过多年潜心耕耘，公司已在血液制品的产品线与产品结构、浆源开拓、技术与质量控制，研发能力以及经营管理等方面具备行业领先优势。公司拥有发明专利"人纤维蛋白原制剂的制备方法"一项，目前，"一种

---

① 资料来源于江西博雅生物制药股份有限公司网站 http://www.china-boya.com。

人凝血酶原复合物的制备工艺"、"一种人凝血因子 VIII 的制备工艺"及"一种静注人免疫球蛋白的制备工艺"等三项发明专利的申请已经被正式受理，同时公司还拥有四项非专利技术，开发了 6 个过程控制软件。

公司目前拥有白蛋白、免疫球蛋白和凝血因子 3 大类 7 个品种 21 个规格的产品，是人血白蛋白、静注人免疫球蛋白规格最全的生产企业之一，同时也是全国三类产品齐全的少数企业之一。现正在研发凝血因子 VIII（AHG）、凝血酶原复合物（PCC）、人纤维蛋白胶（FS）、破伤风人免疫球蛋白（HTIG）、手足口病人免疫球蛋白及重组因子类产品，力争成为全国血液制品行业中品种最多、规格最全的公司之一。

在优良的生产工艺，严格的质量管理和强大的专业技术保障下，公司产品以优良的品质获得了经销商和重点合作医院的认可，多次被评为江西省新产品或高新技术产品，在行业内拥有良好的知名度和信誉度，具有较好的品牌优势。

公司一直秉承着"责任、专业、进取、高效"的企业文化，为全社会的健康事业不断贡献力量。

2012 年 3 月 8 日，公司股票在深圳证券交易所正式挂牌，成功登陆创业板。公开发行 1900 万股，发行价格为 25 元／股，募集资金总额为 1.61 亿元。

上市概述

哲学家大卫·休谟的自传中有这样一句话："人贵述己而不自诩。"用这句话来形容徐建新再适合不过了。

一个访谈节目中，两个小时的交谈，徐建新淡定的态度、稍显强势的个性，给观众留下了深刻印象。

徐建新，出生于 1965 年 9 月；1987 年，毕业于江西中医学院，随后怀着满腔的热情投身于药政、药监部门；凭借多年的工作积累和对药品管理法律、法规的熟悉，徐建新得出一个结论：生物制药是一个很有发展前景的朝阳产业，所以，他毅然放弃舒适的卫生行政部门的工作，进入博雅生物工作。

新旅程的开启

徐建新凭借着博雅生物这一平台，开启了新的旅程。凭借着对生物制药的热情，徐建新为博雅生物创造了一个又一个的辉煌。

1996 年，初到博雅生物的徐建新，提出的加装酒精回收装置建议，经过实践，为企业每年节省了 161.4 万元的开支，并大大减少了非酒精对环境的污染。而徐建新的这一建议，也获得了江西省重大合理化建议成果二等奖。

1998 年，为了拿到 GMP（药品生产质量管理规范）证书，从厂房、设备技术的改造，到企业员工的培训，再到企业规章制度的建立，徐建新都亲力亲为，最终，博雅生物成为当时全国 37 家血液制品厂中第二个通过国家认证的企业，顺利拿到 GMP 证书。

1999 年，徐建新组织研发的冻干低 PH 静脉注射用人免疫球蛋白获批，年产超过 25 万瓶，列居企业主导产品之一，且该项目被列入国家火炬计划，并获得江西省新产品一等奖。从此，博雅生物关于新技术的改造、新产品的研发不曾停止。

2002 年，在徐建新的主张下，企业引进压滤技术，进行人血白蛋白的分离，这一举动大大降低了生产成本，提高了产品收得率。

自 2004 年，博雅生物每年都有新产品面市。目前，博雅生物共有 6 个品种 21 个规格的血浆系列产品，是国内同行业中品种最多、规格最全的厂家之一。

徐建新认为："一个企业不改革，就会陷入故步自封的泥潭，如果不创新就会失去持续发展的动力。"所以，在经过对市场认真观察和分析后，

2005 年，徐建新对博雅生物的管理制度、营销策略进行了大胆的调整和改革，在一定程度上提高了企业的管理水平，提高了产品的市场占有份额，使产品在市场上站稳了脚步。

徐建新表示："血液制品行业经历了政府办阶段、股份制改革阶段后，自 2006 年国家九部委颁发《关于单采血浆站转制的工作方案》之后，就从原料的整合开始，进入了整合阶段。"在这样的产业环境下，徐建新打算通过加强质量管理、应用新技术、加大研发力度先做好"产业内的事情"，然后再开启博雅生物的上市之路，使资本和产业形成最有效的结合。

贵人相助

作为一家血液制品企业，博雅生物曾遭遇了一场"灭顶之灾"。2008 年 5 月，6 名病人被怀疑因注射博雅生物的产品而死亡，使博雅生物该主导产品暂停生产和销售长达半年，而博雅生物的形象也大大受影响。

使博雅生物"起死回生"的是深圳市高特佳投资集团有限公司（以下简称"高特佳"）并在高特佳的运作下，博雅生物成功上市。

高特佳与博雅生物缘起于 2007 年 10 月，当时博雅生物由于产业调整，博雅生物的大股东想要卖掉这家企业，听到博雅生物即将出售的消息，高特佳立即派出专业的团队去江西抚州做尽职调查。

2007 年 12 月，双方正式签订合同，高特佳以 1.02 亿元收购博雅生物 85% 的股权，成为博雅生物第一大股东。

曾有媒体质疑高特佳用不到两个月的时间完成投资太过仓促，对此高特佳的董事长黄煜解释道："其实我们对这个行业已经有很深的认识，尽职调查只是为了解决一些法律、财务上的问题。"

然而，不幸的是，投资不到一年，博雅生物就陷入信任危机。

事件发生后，黄煜立即赶往江西，与博雅生物同进退：博雅生物研发部门负责配合公安部门的调查，提供技术支持；黄煜与博雅生物的管理团队负责安抚人心。据黄煜回忆："要应对媒体，配合政府，还要安稳客户，我们两个团队也算是同甘共苦了。"徐建新也说道:"我们现在是合二为一了,心心相印。"

最终,经证实,博雅生物的产品没有质量问题,6 名病人的死亡与博雅生物没有关系。尽管事件的发生与博雅生物没有关系,但博雅生物对产品的质量要求更加严格了,并于 2012 年拿到新版 GMP 认证。

黄煜回忆道:"在当时那个阶段,有很多企业来找过我们,希望我们能够将博雅生物卖掉,我们一点也没有动摇过。我到了现场之后,马上跟管理团队沟通,我相信责任不在我们。"

正是高特佳的不离不弃,持续地投资,使博雅生物度过危机,并逐渐走向壮大,最终在高特佳的运作下,成功登陆创业板。

对于博雅生物的成功上市,黄煜表示:"这一切都不是偶然的,也跟运气无关,我们一直在为上市作准备,一进入博雅生物就不断规范公司的经营管理,作为大股东,我们不从博雅拿一分钱,每年在董事会层面上确定经营目标。"

作为博雅生物的贵人,黄煜也在谋求集团的整体上市,对此他表示:"但是按照现行法律规定,投资公司并不能在国内上市,这将是一种趋势,美国的黑石、高盛、KKR 都已先后上市,中国为什么不能?如果不能突破国内上市,那么高特佳可能转战 H 股。"

上市钟声的敲响

2012 年 3 月 8 日上午 9 时 25 分,随着上市钟声的敲响,博雅生物股票上市挂牌仪式在深圳证券交易所顺利进行,成功登陆创业板。出席挂牌仪式的中共江西抚州市委副书记、市长张和平表示:"博雅生物已经成为抚州经济发展的一张崭新名片,希望在资本市场的广阔舞台上,公司能够规范有序、健康发展,成为资本市场的优秀企业。"徐建新发言表示:"公司将抓住机遇,进一步巩固和增强公司竞争优势,实现企业的跨越式发展。"

最后，张和平市长、徐建新等人共同敲响了博雅生物上市的钟声，深圳证券交易所内电子大屏幕上显示：博雅生物开盘价 38.00 元。

上市前夕，在被问及博雅生物的上市计划是怎样时，徐建新说道："我们对上市的理解是这样的，上市不是企业经营的最终目的，只是一个手段。上市主要是融资，目的是更好更快地发展企业。所以，应该先把自己的内功练好。我们企业做了那么久，不是那种刚建的企业，现在大家都希望走得平稳一些。其实，只要把企业做好，上市只是一个方面；把公司做好了，上市这个事情自然就会达成。"

从创立到发展壮大，到突破危机，再到上市，博雅生物经历了漫长的 19 年的磨炼。

19 年的磨炼，造就了一个强大的企业。在这条艰难的道路上，博雅生物始终坚持着"责任"这一文化体系。

在市场经济的背后，有两只"看不见的手"，即经济规律和文化，但是大多数的企业只能看见"经济规律"这只手的存在，而感觉不到"文化"这只手的存在。博雅生物却感知到了"文化"这只手的存在，因为博雅生物深知，"一个没有文化滋养的品牌，不可能成为真正的名牌；一个没有文化滋养的企业，不可能拥有永久的生命力"。

秉承这一思想，博雅生物形成了一种责任文化，以"以健康产业为己任"为企业的使命，而正是这种文化，塑造了博雅生物的灵魂，为博雅生物的发展提供着无穷的力量。

2013 年，福布斯公布了"中国潜力企业榜"，2012 年成功登陆创业板的博雅生物入榜，被列为"2013 年中国潜力上市公司 100 强"第 43 名。

🍵 启示录

作为一个企业，尤其是一家医药行业的企业，必须要承担一定的责任，这些责任既是一个医药行业对生命的尊重，也是一个企业应该对社会担负起的责任。

尤其在医药企业中，做到安全制药，良心制药是必不可少的一种社会责任。现代社会中，"责任意识"很重要，而且已经成为衡量一个企业成功与否的重要指标。虽然每个企业都将"责任意识"挂在嘴边，但是很少有企业能够将"责任"坚持下去，并做到精致。

博雅生物打造的"责任文化"，正是对"责任意识"生动的体现。这也是博雅生物能够成功上市的一个标志。

Chapter6

第六章

家电 IT 的资本积累

第一节
掌趣科技：互联网领域的急先锋

公司简介[①]

北京掌趣科技股份有限公司（股票代码300315，以下简称"掌趣科技"）成立于2004年8月，注册于中关村科技园，是国家高新技术企业和双软认证企业，公司注册资本1.2亿元，主营游戏开发、发行和运营，是中国领先的移动终端游戏开发商、发行商和运营商。

公司主要业务包括移动终端游戏、互联网页面游戏及其周边产品的产品开发、发行推广和运营维护，公司拥有员工1500多人，已自主研发了200余款游戏产品，公司自主开发具有代表性的游戏产品有：手机智能游戏"石器时代 OL"；"热血足球经理"、"玩具战场"、"魔兽来了"、"石器时代（单机版）"；互联网页面游戏"九州战魂"、"古神开天"等。

公司凭借自主研发的手机游戏渠道分发等技术，建立了自有游戏平台，与900多家游戏推广渠道及100多家国内外游戏开发商建立了长期友好的合作关系，产品已进入东南亚和欧美市场。公司经过多年的业务拓展和并购重组，已发展成为国内领先的移动终端游戏开发商、发行商和运营

---

① 资料来源于北京掌趣科技股份有限公司网站 http://www.ourpalm.com。

商，在中国移动游戏业务的评级中名列前三。

公司的总体发展战略是：以"渠道平台为本、内容服务为王"为宗旨，自主研发跨平台移动终端游戏和互联网页面游戏，结合热点娱乐、影视版权营销资源，联合国内外精品游戏开发商，通过多层次、多方位的发行渠道，提升精细化运营水平和服务，打造卓越管理团队，发展成为领先的跨平台移动终端游戏、互联网页面游戏的开发商、发行商和运营商。

2012 年 5 月 11 日，北京掌趣科技股份有限公司在深圳证券交易所创业板挂牌上市，其掌门人已成为中国游戏圈身家最高的人之一。

上市概述

截至 2013 年，如果你要问互联网公司谁的市值最大？既不是在美国上市的畅游，也不是市值约 10 亿美元的盛大游戏，应该是市值高达 147.46 亿元人民币的掌趣科技。如果你要问移动互联网业内的风云人物是谁？是创建完美世界的池宇峰和创建巨人的史玉柱吗？不是，应该是掌趣科技的掌门人姚文彬。

2012 年 5 月 11 日，随着掌趣科技在深圳证券交易所创业板成功挂牌上市，掌趣科技的股价开始一路飘红，而姚文彬作为掌趣科技的第一大股东也摇身步入了亿万富豪领域。

科班出身的互联网先锋

20 世纪 90 年代，从西安电子科技大学毕业的莘莘学子中有一个人名叫姚文彬。当时，没有人能想到他会成为第一代互联网领域的先锋，他本人也不曾想到自己竟然站在了中国互联网业的风口浪尖上。

在互联网产业所带来的商机在中国刚刚萌芽时，姚文彬还是机械电子工业部通信产品司的一名工作人员，但他并没有对此无动于衷，而是迅速丢掉了科班的标签，投入到了互联网的大潮中。

从此，姚文彬踏上了一条曲折而又离奇的创业路。姚文彬第一次创业是在 1995 年创建的为用户提供 Internet 接入服务的"中国在线"，可以说正是搭上了互联网业在起始阶段迅速发展的顺风车。截至 1999 年，已经在市场上小有名气的"中国在线"被"中联在线"收购，姚文彬也因此获得了人生的第一桶金。

但姚文彬不是一个小富即安之人。姚文彬在正式加入捉鱼科技之前，还曾创办过为网站提供网络安全服务的中联绿盟，甚至曾一度闯荡于协同办公领域。神奇的是，姚文彬从创业开始，都是正向发展。

所以在姚文彬加入捉鱼科技为用户提供游戏下载、游戏资讯、游戏攻略等忙得不亦乐乎时，怎么也不会想到自己与掌趣科技有什么关系。

2004 年 8 月，在中关村科技园注册成立的北京掌趣科技股份有限公司，虽然是一家新技术企业和双软认证企业，但由于手机游戏的表现力和可玩性在当时只是初级阶段，所以掌趣科技的发展十分缓慢，这或许也是姚文彬之所以在当时加入捉鱼科技而不是掌趣科技的一个因素。

如果站在今天的角度来看，姚文彬虽然是掌趣科技的实际控制人，却不是其创始人。姚文彬加入掌趣科技时已经到了 2008 年 1 月，这其中自然也还有一段"姻缘"。

2007 年，得益于中国移动对手机游戏渠道推广的放开，在整个行业进入爆发式发展阶段时，掌趣科技几乎在第一时间与腾讯、3G 门户、空中网、当乐网、腾讯网、捉鱼网等运营商平台和门户网站建立了战略合作关系。

这是姚文彬第一次正式认识掌趣科技，而且于 2008 年 5 月姚文彬已经正式接受掌管掌趣科技。这一次，姚文彬并没有像前几次创业经历那样，捞上一笔就走人，而是带领掌趣科技开始一段真正的创富传奇。

正所谓"新官上任三把火"。姚文彬带领掌趣科技烧的第一把火便是由"用户先试玩，在玩中再付费"代替"用户先下载，先付费后玩"的付费模式。这一小小的创新让用户真正体验到了游戏的可玩性，掌趣科技积累的用户也开始迅猛增长。

发展到 2010 年的姚文彬和掌趣科技已经今非昔比，这一点完全可以从华谊兄弟和外资基金争相投资掌趣科技体现出来。

但这看似特别美好的一桩事，却给姚文彬带来了很大的烦恼。一家大的外资基金希望以 1.1 亿美元取得掌趣科技的控股权，这也就意味着姚文彬便会失去对掌趣科技的控制；同时，华谊兄弟的董事长王中军也对掌趣科技产生了很大的兴趣，并亲自登门拜访，希望以 1.485 亿元人民币的价格购得掌趣科技 22% 的股权，虽然王中军的出资额比较少，但掌控权还在姚文彬手中。

如何取舍？姚文彬曾无奈地说过："那是最为纠结的时候。"但他同时也意识到，中国创业板在中国刚刚推出，掌趣科技以后的发展空间还很大，绝对不能再像前几次创业那样套现走人。

最终，姚文彬选择了王中军。2010 年 6 月 18 日，华谊兄弟与掌趣掌趣科技及其四名自然人股东姚文彬等签署了《股权转让与投资协议》。

事实上，姚文彬引入华谊兄弟还有他自己的道理："当时华谊兄弟入股给我们的品牌带来了很多好处，公司有了更高的知名度。此外，华谊的影视业务也和我们的游戏业务尝试过一些整合。我们还是很感谢华谊的。"

截至 2011 年 6 月，当年那个总资产不过 1880 万元、营业收入和净利润分别只有 264 万元、1.68 万元的掌趣科技，在姚文彬的领导下营业收入已经达到了 7594.12 万元。

与此同时，智能手机开始钻进中国的每一个角落，再加上风投资金的注入，以及掌趣科技自身的实力，姚文彬曾寄予创业板的梦想逐渐开始浮出水面。

历经坎坷一路飘红

2012 年，掌趣科技智能手机游戏收入为 1539 万元，增长了 28 倍之多，占总营业收入为 6.83%；功能手机游戏收入为 1.47 亿元，同比减少了 5%，占总营业收入为 65.22%；掌趣科技的总营收增长率为 22.72%，移动游戏市场的整体增长率为 40% 左右，智能手机游戏市场的增幅为 50% 左右。

如果将这一组没有温度的数字"翻译"过来，其含义同样是冰冷的：智能手机游戏市场规模必然会逐渐超越功能手机市场规模，掌趣科技在智能手机游戏市场上尚未占据优势地位，必须加大对智能手机游戏项目的投入，包括研发团队、新产品开发等。

这也是在位于金澳国际的掌趣科技总部的董事长办公室中，姚文彬经常思索的一件事：随着游戏行业的快速发展，公司迫切需要扩大产能。如果单纯依靠经验积累取得营运资金，将会制约公司的发展速度。

于是，2012 年 1 月 12 日，北京掌趣科技股份有限公司开始上会闯关创业板 IPO。

事实上，仅对于上市来说，从掌趣科技 2011 年 1 至 6 月净利润为 2213.04 万元来看，完全满足了创业板要求发行人最近两年连续盈利，最近两年净利润累计不少于 1000 万元的条件。

然而，姚文彬在当年引入华谊兄弟的资本时，还与王中军签了一份对赌协议，如果掌趣科技 2010 年与 2011 年的净利润低于 5000 万元，则要向华谊兄弟补偿差价 2200 余万元。如果以掌趣科技 2011 年上半年的 2213.04 万元净利润来计算，那么掌趣科技必然是无法上市的。

就在这紧要关头，姚文彬万万没有想到的是，华谊兄弟突然取消了与掌趣科技签订的对赌协议、优先认购权和回购条款。华谊兄弟的这一举动无疑为掌趣科技扫清了上市障碍。

2012 年 3 月 6 日，北京掌趣科技股份有限公司 IPO 成功过会，同时也代表着掌趣科技已经将一只脚伸进了资本市场。

2012 年 5 月 11 日，掌趣科技在深圳证券交易所创业板挂牌上市，以高于发行价（16 元／股）59.75% 的价格开盘，最终以 24 元／股报收，涨幅 50%。

其实，这只是掌趣科技拉开创富神话大幕的开端。进入 2013 年，掌趣科技一路飘红，涨幅甚至超过了 300%，最高曾涨至 67.10 元。截至 7 月 16 日收盘，掌趣科技总市值达到 147.46 亿元，姚文彬家族资产及股权财富总计为 37.65 亿元，排在中国家族财富榜第 200 名。

🍵 启示录

可以说，掌趣科技的上市历程短暂而又离奇。虽然掌趣科技凭借人才、模式、产品、渠道等优势迅速走到了创业板的大门口，却因为曾与华谊兄弟签订的一份对赌协议，险些丧失了敲开创业板大门的基本条件。

这也给很多想要上市创业板的企业敲响了警钟。尤其是对于互联网概念的企业，当一些大企业都愿意去海外上市的时候，国内的创业板市场无疑是中小企业解决资金瓶颈的最佳场所，而一旦连上市创业板的基本条件都满足不了，必然会失去最佳时机。

第二节
神州泰岳：创业板第一高价股

公司简介[①]

北京神州泰岳软件股份有限公司（股票代码：300002，以下简称"神州泰岳"）成立于 2002 年 6 月 3 日，注册资本为 9480 万元，法定代表人为王宁。其前身为北京神州泰岳软件有限公司，成立于 2001 年 5 月 18 日。

神州泰岳自成立以来一直专注于 IT 运维管理领域的发展，主营业务为向国内电信、金融、能源等行业的大中型企业和政府部门提供 IT 运维管理的整体解决方案，包括软件产品开发与销售、技术服务和相应的系统集成；公司主营业务涵盖了四大专业方向，即系统网络管理、信息安全管理、服务流程管理和面向电信网络的综合网络管理。

2009 年 10 月 30 日，神州泰岳成功登陆创业板，融资 18.33 亿元，实际募集资金数量为计划资金的 2.17 倍。

---

① 资料来源于北京神州泰岳软件股份有限公司网站 http://www.Ultrapower.com.cn。

📋 上市概述

有人说：上帝惩罚一个人，没必要让他下地狱。第一，让他有责任心；第二，让他办民营企业。然而，这两者恰恰就是他的信念。

与人合伙做生意"赔个底儿掉"，没办法，最后他只好去站柜台。从做中联集团的销售代理，到转战"联想"；从冲击香港资本市场，到转战国内中小板市场……

一路走来，他的"失败"一个紧跟一个。但是，屡败屡战的他告诉自己："失败是必然的，成功是偶然。"

他一度被戏称为"坐在大厅里的老板"。在很长一段时间里，他没有一间固定办公室，只有一个靠窗的座位。和其他员工一起在大办公室里待久了，他逐渐成了员工们的"老王"。

在"老王"看来，能否从事业、感情、待遇上获得员工认同，是决定企业能否凝聚人才的重要因素。"老王"总是告诉自己：方正有王选，华为有任正非，海尔有张瑞敏，神州泰岳依靠的不是自己一个人，而是整个团队。

因此，在他所领导的神州泰岳有个不成文的规定：对于技术人员，管理层不允许发火。有时候加班到半夜，不懂开车的他不会让司机送自己回家，而是在寒风中等出租。"老王"说，吹吹风、挨挨冻，更清楚自己到底姓啥，这是件好事。

这个被人称为"老王"的人就是王宁，神州泰岳的董事长，一个中国民营企业家。2009 年 10 月 30 日，王宁终于带领神州泰岳成功实现创业板登陆，自己的身价同时也暴增至 18 亿元。

坚持到弹尽粮绝时

王宁说："人生和世界都是偶然的，但偶然里有一个必然，那就是人人都想成就一番事业。"1997 年，想成就一番事业的王宁已经 33 岁，从河北大学出版社社长的位子上辞职后，他只身来到北京。不久之后，王宁与朋友李力等人一起创办了神州泰岳。

和众多 IT 公司一样，神州泰岳也从代理起家。在代理过程中，神州泰岳发现国际 IT 运维管理厂商在本地化方面存在一定的局限性，加大了自主研发的力度，成功开发了以 Ultra-NMS 为代表的系统网络管理软件和以 Ultra-SOMC 为代表的安全管理软件等产品。

1998 年 3 月，神州泰岳成立了软件事业部，开始代理 CA（Computer Associates）公司的 ITSM 软件，并做类似的配套服务。而在此时，IT 服务管理领域在国内还是空白，说起全球最大的 IT 管理软件公司之一 CA，人们还会误以为是航空公司。因此，当王宁到工商局注册时，工作人员还连续问了他几次：你们公司究竟做什么的？

神州泰岳成立后，所遇到的艰难出乎王宁的意料。直到半年之后，也就是 1998 年 10 月份，神州泰岳只拿到北京市无线电管理局一笔 15 万美元的单子。

就像是青黄不接时吃了上顿没下顿的心情一样，包括王宁在内的所有神州泰岳的创始人的心里都有一种恐慌，不知道未来会怎么样，神州泰岳的第二个单子在哪里。

2000 年，神州泰岳 IT 服务管理业务的亏损已累计超过 1000 万元。为了维持公司运转，王宁东拼西凑，甚至从家里往外垫钱，把能想的办法都想遍了。

神州泰岳仿佛已经被逼到了绝境，内部逐渐质疑四起：这样做，行吗？但在王宁看来，神州泰岳毕竟还没有破产，只不过是现实的打击远超出了大家的心理预期，让人感到比较痛苦而已。而如果神州泰岳此时放手不做了，公司仅有的几个用户就要被害惨了。

事实已然如此，为了现有的几个用户，王宁决定让神州泰岳坚持到弹尽粮绝之时。

天无绝人之路。终于，2001 年，神州泰岳凭借本地化服务优势胜过对手，赢得新华社网管一期的大单子而死里逃生。

资金：痛苦的根源

"少花钱，多办事；少睡觉，多干活；少享受，多贡献"。这些在王宁身上从不是口号。

进入 IT 圈之前，在河北大学当团委书记的王宁是一个爱玩的人。他喜欢球类运动，天天领着学生到处玩。但在做 IT 服务管理后，王宁改变了原来的生活方式：工作总是做不完，没有了周末，更别说工作与生活的平衡。

让王宁找到心理平衡点的就是责任。对他来说，神州泰岳的发展，远比自己的周末、休闲更重要。对他而言，这种痛苦不是郁闷、压抑的痛苦，而是想发展而速度不够快的痛苦。而痛苦根源就在于资金，这是神州泰岳在发展时束手束脚的根源。

2002 年，神州泰岳开始筹备赴香港创业板上市，但因主营业务不成熟而以失败告终。

对神州泰岳而言，2003 年是其发展中关键的一年，公司自主研发的系统网络管理平台软件上线，公司也从代理商摇身一变为具有自主产权的 IT 服务管理软件企业。

这一年，神州泰岳在重庆联通拿到了自主产品的第一张电信商用业务订单。随后，神州泰岳又获得了中国移动通信集团北京有限公司（以下简称"北京公司"）、中国联通、中国网络通信集团公司北京总部等电信业务订单，并在此期间积累了对于电信业务需求的理解。

对中小板的冲击

2005 年底，神州泰岳成功收购上海联盈数码科技有限公司的 IT 服务管理业务。这次收购使得神州泰岳拥有了我国本土最全面的运维管理解决方案、最强大的专家和专业服务团队。

从这时候起，赴港上市折戟的神州泰岳重新开始发起向国内中小板资本市场的冲击。

2006 年年底，北京移动飞信业务商用建设的招投标中，神州泰岳在与清华声讯、TOM(李嘉诚之子李泽楷控股) 等公司的竞争中，赢得了飞信业务全方位运维支撑外包服务的业务。

2007 年 3 月，神州泰岳成立全资子公司北京新媒传信科技有限公司，成为运营飞信业务的主体，同时也是中国移动通信集团公司（以下简称"中国移动"）飞信业务唯一的运营维护支撑外包服务提供商，帮助北京公司完成了基础试验。

试验初期由微软提供软件系统，由神州泰岳提供系统集成服务。北京移动作为中国移动飞信专项基地负责相关的实验组织工作。

其后，中国移动希望将飞信从微软的应用平台转移到开放系统上，神州泰岳在没有获得中国移动一分钱资助的情况下，另起炉灶开发了新系统，并因此举获得了中国移动的信赖。

同年 6 月，飞信正式商用以后，迅速获得移动用户熟悉和接受，用户数量保持了较快的发展势头。

在 2005 年至 2007 年这三年里，神州泰岳在 IT 服务管理领域内连续三年排名第一。另外，在 2006 年，王宁获得"中国软件企业十大领军人物"称号。神州泰岳也成为 2007 年"中国创新型高科技中小企业 100 强"和"2007 德勤中国高科技、高成长 50 强"。

神州泰岳在 IT 服务管理领域内一路高歌，没想到资本市场却将其拒之门外。

2008 年 7 月 14 日，在证监会第 101 次发审会上，神州泰岳的中小板上市申请被否决。

申请之所以未获通过，是因为神州泰岳对审核所关心的问题理解不充分，回答陈述不够清楚，信息披露不够完整，导致委员有不同意见。

另外，神州泰岳初涉资本市场遇阻，内部员工股权代转让的瑕疵和重要合同业务风险是两大主因。

为吸引人才，神州泰岳在成立之初就设计了一套"动态的股权结构体系"，把股东分为三种：一是原始股东并且在一线工作；二是原始股东由于各种原因，还参与公司运作，但不在一线；第三种是完全不在公司。股东每退一个档次，折让 50% 的股份给公司，作为公司的共有股权。

在 2001 年 9 月至 2007 年 9 月之间，神州泰岳出现过股份代持和多次内部股权转让，其中 4 次为无偿转让，两次为按面值一元转让。神州泰岳在现场陈述时承认公司历史上存在股份代持的情况及股权转让不规范的行为，但对历次股权转让的原因并未进行准确完整的披露。

而与中国移动合同的问题，是神州泰岳在资本市场受挫的另一主因。对中国移动飞信业务的运维支撑外包服务，是神州泰岳收入和利润的主要来源，但存在着对单一主体发展的过分依赖和不确定性风险。

种种原因集聚在一起，神州泰岳向资本市场发起的进攻再次以失败告终。

于失败中学习成功

一年之后，当创业板开幕的消息传来，神州泰岳开始转战创业板。

2009 年 7 月，神州泰岳卷土重来，开始递交材料申请发行。吸取在中小板败北的经验，这一次神州泰岳准备更为充分。

神州泰岳聘请中信证券为上市保荐机构。此外，神州泰岳在创业板上市申报现场陈述时预先披露《发行人关于公司设立以来股本演变情况的说明》，主动对公司的历次股权转让详加解释，通过还原不规范的股份代持和股权转让真相，使其股权重现清晰。

四次无偿转让的原因有二：其一是前任员工离职后，将所持股权无偿转让给继任者；其二是为了强化对公司核心管理团队的股权激励，提高其直接持有公司股权的比例。两次有偿转让综合考虑了公司净资产状况、各受让方在公司的角色和新股东将来在公司发挥的作用等因素。

此前神州泰岳的全资子公司北京新媒传信科技有限公司争取到中国移动改变一年一签的合同惯例，与之签订为期三年的飞信业务运营支撑服务合同，合同期限至 2011 年 10 月，打消了发审会对其经营持续性的疑虑，避免了不能续签上述业务合同而对神州泰岳利润产生重大不利影响的风险。

另外，神州泰岳还聘请了较有经验的事务所及会计师重新进行审计工作相关财务数据的调整。体现出更为清晰、突出的业绩成长性。这也符合了创业板的发行条件第二套标准，规定最近两年营业收入的增长率均不应低于 30%，体现了高成长性的要求。

2009 年 9 月 17 日，神州泰岳顺利上会。

9 月 24 日，神州泰岳发布公告，确定本次在创业板上市发行价格为人民币 58 元 / 股，发行股份数量 3160 万股。

10 月 30 日上午 10：00，神州泰岳正式挂牌深交所，开板首日股价暴涨至 147 元，成为创业板首只百元股。神州泰岳以 58 元 / 股的申购价、68.80 倍的市盈率、18.33 亿元的融资金额、公司市值超过 270 亿元，成为创业板首批上市公司"吸金"的最大赢家。

2009 年，神州泰岳的营业收入达到 7.2 亿元，飞信的开发、运营维护的营业收入为 4.4 亿元，占公司整体营业收入的 61%。

2010 年，神州泰岳一季度实现营业收入 1.67 亿元，同比增长 28%，归属于公司股东净利润 5716 万元，同比增长 48.36%。上市 5 个月后，神州泰岳股价迈过 200 元大关，成为中国股市第一高价股，神州泰岳董事长王宁和总经理李力的身价双双超过 30 亿元，同时齐强等 14 位股东也迈入了亿万富翁行列。

🗑 启示录

上市是程序繁杂的工作，如果忽视了其中某一个小的细节，就有可能导致整个上市计划满盘皆输。总结神州泰岳第一次上市的失败经验，我们更能深刻体会一句话：细节决定成败。

自古以来，细节就是最关键也是最容易被忽视的因素，也因此才有那么多的企业上市计划竞相夭折在细节上。只有将细节看到，并做到，在细节中找到机会，从而使自己走上成功之路。

回顾创业板"第一高价股"神州泰岳的上市过程，我们也不难发现，高成长性、经营的持续稳定性、股权结构的清晰性是影响企业登陆创业板的关键因素。

这几个因素，都是企业在上市过程中常遇到的问题，假如企业能够接受前车之鉴，在上市计划中注意到这些问题，并能避免类似于这些问题的细节，才有可能成功上市。

第三节
金亚科技：
十年专注成就西部数字电视龙头

📦 公司简介①

金亚科技股份有限公司（股票代码：300028，以下简称"金亚科技"）成立于1999年11月，是国内数字电视设备的专业制造商和提供商，一直致力于为中小数字电视运营商提供端到端整体解决方案。

金亚科技经过十余年的发展，在国内数字多媒体领域取得了骄人的成绩，成为国家高新技术企业，并先后荣获"中国最具影响力创新成果100强"、"四川省大中型工业企业500强"、"广电行业十大创新品牌"、"中国数字电视产业十大自主品牌"、"四川省重点科技型成长企业"等奖项，并连续6年荣获"四川省实施卓越绩效模式先进企业"称号等多项荣誉。

经过多年服务数字电视行业的资源积累，金亚科技与产业链的上下游建立了广泛、深入的合作关系，与各运营服务商、高校科研院所和付费频道行业协会、互动媒体协会等建立了研发合作关系，在家庭智能终端、多屏互动增值业务开发、宽带接入与传输等领域开展了多个课题攻关。

---

① 资料来源于金亚科技股份有限公司网站 http://www.geeya.cn。

2012 年 7 月，金亚科技 100% 控股英国"哈佛国际"，正式完成了对英国 ATM 市场上市公司"哈佛国际"的重大资产收购，成为 A 股创业板海外收购的第一案。实施跨国并购，能够让金亚科技更方便的借鉴国外的先进技术，同时依托"哈佛国际"的渠道和品牌优势，进一步拓展国际市场。

为满足高速发展的需要，金亚科技实现了集团化管理，先后成立了成都金亚软件技术有限公司、成都金亚智能技术有限公司、深圳金亚科技有限公司、金亚科技（香港）有限公司 4 个全资子公司，收购了深圳市瑞森思科技有限公司，参股北京鸣鹤鸣和文化传媒有限公司。金亚科技具备领先的行业资本运作和技术研发、生产制造、市场营销的综合实力，致力于开发贴近用户、贴近家庭、贴近市场的智能终端产品，以及为用户提供内容服务、增值应用支撑平台，为人们的"智能家庭"生活贡献自己的力量。

2009 年 10 月，金亚科技作为首家登陆创业板的广电企业，在深交所创业板上市，募集资金总额 4.8 亿元。

📓 上市概述

2009 年 10 月 30 日，深圳五洲宾馆，对于金亚科技董事长周旭辉来说，意义非比寻常。为了这一刻，他在数字电子行业耕耘了十年。

9 点 25 分，咚、咚……创业板开市的钟声敲响了，会场两侧的大屏幕上的数字开始了跳动。金亚科技开盘一路高涨，三次撞板，触及第三道停牌阀值（盘中涨幅 80%），被直接停牌至 14 时 57 分。随后的三分钟，金亚科技股价持续攀升。

15 时，金亚科技收盘于 35 元 / 股，较发行价大涨 209.7%，周旭辉账面财富突破 13 亿元。

温商蜀店

地大物博、包容悠闲，是周旭辉对四川的印象。他喜欢金色，喜欢"第一"。

1999 年，周旭辉和一群无线电爱好者，怀揣着东拼西凑的 220 万元，在成都一间不足 50 平方米的民房里，成立专业的数字电视设备公司——金亚科技（亚洲的首字母是 26 个字母的第一个字母 A）。

半年后，金亚科技的首批机器问世。接下来，登广告、上门推销、跑市场，周旭辉把所有的方法都试了一遍，依然毫无进展。

就在他们灰心丧气之际，广东丰顺县的一个电话打了进来。

"我想看看你们的产品……"

周旭辉等人赶到广东，将产品应用到丰顺县的广电网络。但是这些在实验室表现良好的机器却收不到清晰的图像。他们在小旅馆里进行反复的试验、修改。最终，金亚科技售出 5000 台机器。

接下来，周旭辉等人不断完善产品。但是，没有知名度的金亚科技严重亏损。

2002 年，金亚科技的创始人只剩下周旭辉和弟弟周旭忠，银行通过法院催债。金亚科技摇摇欲坠。

雪上加霜的是，远在温州的父亲一到成都，就住进了医院。这时，兄弟二人才知道老父亲已经身患癌症。躺在病床上的父亲苦口婆心地劝说："儿子回温州吧，在咱们家创业也行呀！"

周旭辉对父亲的劝说，提出这样一句反问："其他人都走了，我再跑了银行怎么办？"父亲摇了摇头，无奈之下返回温州老家。

周旭辉的诚意终于打动了银行，银行不但同意金亚科技暂缓偿还债务，还给金亚科技追加了 50 万元贷款。之后，金亚科技一举中标江西省电视网络 8000 万元的项目。这意味着金亚的产品打进了江西省 7 个地市。随后，全国政策明朗化。

2003 年 5 月 20 日，国家广电总局发布《我国有线电视向数字化过渡时间表》，标志着我国开始全面启动了有线电视的数字化。

2004 年 4 月，弟弟周旭忠把所持的金亚科技股份全部转让给周旭辉。周旭辉正式执掌金亚科技。11 月，周旭辉将金亚科技迁到了蜀汉西路，并兴建了现代化工厂。

一个人的战役

周旭辉朴素、自信、专注。他有超强的商业嗅觉和资本运作能力。这些在 2006 年得到淋漓尽致的展现。

2006 年 8 月 18 日，酝酿五年的数字电视地面传输标准——《数字电视地面广播传输系统帧结构、信道编码和调制》正式出台，被批为强制性国家标准。从中看到巨大商机的周旭辉，决定涉足数字电视产业中的前端设备。但是，科研经费从何而来？金亚科技的前期搬迁工作已使得流动资金相当紧张。这时，周旭辉资本运作的能力渐渐展现。

2006 年 9 月，周旭辉孤身一人南下深圳，一个月内召开了四场推广会，向风投公司介绍金亚科技。除了一家风投公司表示以对赌协议为条件可以同周旭辉签约外，他听的都是"No"。然而，这唯一的一家公司，却被周旭辉一口回绝。他深知要对公司负责，而对赌协议中 5 倍的返还款是无法承受的。因此，周旭辉此行没有拿到一分钱，便回到成都。

10 月，周旭辉带在电视台工作的女朋友去广西散心。就在他们到达阳朔的第二天，深圳风投公司的电话打来了："我们想考察金亚科技。"

周旭辉二话不说，决定回成都。他的女朋友非常不高兴，把身份证、钱包都藏了起来。无奈之下，周旭辉只好求助朋友，在朋友那儿借到了路费坐火车回了成都。就这样，周旭辉和女友分手了。

风投考察金亚科技后，当即决定投资。之后，其他机构也纷纷投资。

2007 年，通过股权转让引入新投资者，金亚科技的注册资本增至 4830 万元。9 月，金亚科技整体改制为股份有限公司。

杀手锏

一个方形小鱼缸，一套素色茶具，一些朴素小巧的饰品，这就是周旭辉的办公室，简约而不简单。周旭辉为人亦如此，他颇具智慧，这些充分体现在金亚科技的三招必杀绝技。

第一招："农村包围城市"。

由于资金和品牌的差距，周旭辉没有选择数字电视大运营商为客户，它把中小运营商作为主要目标群。

第二招："端对端"整体解决方案。

金亚科技一直为客户提供全产业链的数字电视设备（用户管理系统、条件收费系统、编码器、复用器，电视机顶盒）和相应的全套服务。

有了金亚科技这样的系统保姆，缺乏技术储备的中小运营商不用发愁，坐等收费。

第三招："前期垫资，后期收款"。

有线电视数字化的改造需要大笔资金，而中小运营商多存在资金短缺的问题。基于此，周旭辉确定了金亚科技的收费方式：为中小运营商垫付前期的资金，系统安装、正式运营后，再向广电机构回收费用。

金亚科技的此种盈利模式深受中小运营商的欢迎，因此也得以蓬勃发展。但是，与运营商分享收视费的方式需要较长的时间才能收回成本，这让金亚科技面临资金链短缺的问题。

2008 年末，金亚科技短期借款 5590 万元。到 2009 年 6 月，该款项增至 7900 万元。

当期，金亚科技经营活动现金流量净额为 −1082 万元，投资活动净额为 −1015 万元。金亚科技的快速发展与实际资金需求产生了较大矛盾。

"有些事情，看似无路可走，但不去尝试的话成功的机会就永远是零。"这是周旭辉的经典言论。聘请联合证券为保荐机构，金亚科技开始了大无畏的上市之旅。

2009 年 7 月，金亚科技递交上市申请。

10 月 9 日，金亚科技成功过会。

10 月 12 日，金亚科技开展询价活动，确定发行价为 11.30 元，这也是首批 28 家创业板公司中最低的价位。

10 月 14 日上午，金亚科技举行创业板首次公开发行 A 股网上路演。第二天，网上网下申购。

10 月 18 日，金亚科技网上定价发行有效申购户数为 787534 户，中签率为 0.4%，超额认购倍数为 225 倍。

10 月 19 日，金亚科技在保荐机构联合证券的协助下，在深圳市红荔上步工业区 10 栋 2 楼举行了创业板上市网上定价发行摇号抽签仪式。

10 月 30 日，金亚科技正式登陆创业板，开盘涨幅 81.42%，盘中三次撞板，也是唯一三次撞板的股票，实际净募集资金 3.9 亿元，其中，超募资金高达 2.06 亿元。

之后，周旭辉有了新的发展战略，即金亚科技在保持中小运营商市场优势的基础上，向大运营商市场拓展，追赶天柏、同洲等业界"大佬"。布局三网（电信网、计算机网和有线电视网）、融合市场就是首要任务。

2010 年 5 月 24 日，金亚科技与全球著名的芯片厂商凌阳科技合作成立"金亚—凌阳三网融合联合实验室"。

☕ 启示录

周旭辉带领的金亚科技的发展之路可谓千回百转。1999 年，周旭辉等人怀揣着东拼西凑来的资金在一间民房里开始创业。在此之后，虽然不断完善产品，但金亚科技依然面临严重亏损。相对应地，虽然金亚科技几度陷入摇摇欲坠的艰难境地，但周旭辉依然凭借超强的商业嗅觉和资本运作能力让其生存了下来，并获得了飞速发展。

在数字电视行业跑马圈地的时代，金亚科技端对端整体解决方案的业务模式，完整的数字电视软、硬件产品体系，确保了它的高速成长，并保证了未来 3 年 25% 的年复合增长率。高成长性与新商业模式的有机融合，恰符合创业板"两高"、"六新"的要求。

正所谓苦心人天不负。

凭借三招必杀绝技，金亚科技最终成功了，登上其发展的又一个崭新平台。

金亚科技值得欲上市企业学习的经验颇多，除了上市操作手法之外，还有其领导者为生存、为上市、为发展永不放弃的精神。

Chapter7

第七章

制造业的财富盛宴

第一节
光一科技：深耕十几年的上市奇迹

📓 公司简介①

　　光一科技股份有限公司（股票代码：300356，以下简称"光一科技"）创立于2000年4月，是国内最早从事用电信息采集系统业务的专业厂家之一。公司依托东南大学等著名高校的科技、人才优势，经过不懈努力，已发展成为江苏省知名的高新技术企业、江苏省规划布局内的重点软件企业、南京市骨干软件企业和江苏省智能化用电信息采集工程技术研究中心。

　　光一科技主营业务为智能用电信息采集系统的研发、生产、销售及服务，其中包括低压集抄系统、手持抄表终端、专变采集终端和配变计量终端等。

　　2012年10月9日，成功登陆深圳证券交易所A股市场，正式挂牌上市。其法人代表为龙昌明。

----

① 资料来源于光一科技股份有限公司网站 http://www.elefirst.com。

📓 上市概述

欧莱雅公司首席执行官让·保罗·安巩曾说过这样一句话："一个真正的企业和企业当家人的使命，是让他的企业可以有可持续的收益和发展。"

2013 年 4 月的一天，由四十多位投资者组成的团队正是带着这样的目的来到了一家位于南京市江宁区润麒路 86 号的科技公司，迫不及待地想要见证这家公司将如何拓展它的主营业务，如何扩展它的经营区域，如何为投资者带来满意的回报。

当他们在这家科技公司的车间参观完之后，在宽敞明亮的会议室里款款落座。这时，只见一位充满自信，面带微笑的男子带着几位公司高管迈着坚定的步伐走进了会议室。刚刚坐定，四十多位投资者便急切地提出了他们埋藏在心中的疑问。

很快，一个多小时过去了，这名男子的一言一语中所折射出来的依然是坚定和从容："我们是国内唯一一家能够提供全业务链产品技术服务的用电信息采集系统建设的专家。"

的确，或许敢于这样自称的只有这家科技公司——光一科技，或许敢于如此坚信的也只有他——龙昌明。

原因是，龙昌明在十多年前便做好了准备，理由是，光一科技已经是一家上市公司。

远见于未来

1987 年，毕业于东南大学（南京工学院）无线电系的龙昌明，并没有找到一份专业对口的工作，而是来到了南京军区前线歌舞团舞美队担任文职干部，一干就是 10 年。

然而，正如经济学创立人之一的亚当·斯密所说："交易可能是人的本性之一，它的历史可能和语言一样古老。"所以，可以说人类似乎就是为做生意而诞生的。龙昌明也不例外，10年的文职工作已经把他压抑得太久了，他心中那份想要成就一番事业的冲动再也按捺不住了。

事实上，当时让龙昌明下定决心下海的另外一个原因，是他看到了一个机遇。

1998年，美国电力研究协会（Electric Power Research Institute, EPRI）开展了一项名为"复杂交互式网络/系统"（CIN/SI）的研究，目的便是打造高度可靠、完全自动化的美国电网。虽然这只是美国智能电网的最初原型，但其作为美国政府刺激方案的重要项目之一，最终"一夜成名"，甚至美国政府为此还特地制定了一个近40亿美元规模的预算。

这意味着什么？中国是一个用电量非常庞大的国家，而美国的智能电网必然会成为世界电网发展的新趋势，中国难道不会为此心动吗？

龙昌明在素有"北大以文史哲著称，东大以科学名世"之美誉的高等学府深造了那么多年，无线电又是他的专业强项。最为关键的是，龙昌明在1998年主持开发了第一代EFC-9803集中抄表系统，随后主持开发了第二代EFC-2000集中抄表系统。所以，龙昌明明确地意识到，绝不能错失良机。

2000年4月18日,龙昌明和一位朋友丁涛共同出资1000万元创办了江苏光一科技有限责任公司（光一科技股份有限公司的前身）。其中，丁涛以现金形式出资100万元，以实物资产折合现金出资350万元，共出资450万元，占注册资本的45%；龙昌明以现金形式出资200万元，并且以专有技术"2000网络式集中抄表管理系统"评估的350万元也作为注册资本，共出资550万元，占注册资本的55%。

至此，龙昌明正式开始了他的事业征途，致力于用电信息采集低压集抄系统的研究，将集中抄表系统作为公司主要产品。同时，他也在等待着真正春天的到来。

柳暗花明又一村

正如龙昌明所预料的那样，中国作为用电大国，不会对智能化即将成为世界电网发展的必然趋势视而不见。而且，对于龙昌明来说，他好像就是一个被好运笼罩着的"宠儿"。因为中国最早试点采用智能用电信息采集系统的地点便选择在江苏省，而龙昌明所创办的光一科技有限责任公司正地处江苏省南京市，那么其在江苏省用电信息采集终端市场占据的地域优势还需要过多说明吗？

其实，从龙昌明于 2000 年成立公司并进入用电信息采集领域，一直是在为这一天做准备，无论是在产品创新方面，还是在技术研发方面都始终以处在行业发展的前沿为目标。

截至 2008 年 9 月底，国网公司经营区域内的电力用户已经达到了17353.1 万户，而龙昌明已经带领光一科技有限责任公司实现了居民用户采集 533.1 万户，总采集更是达到了 775.4 万户，采集覆盖率占总体的4.5%。除此之外，光一科技有限责任公司已累计实施居民集中抄表系统用户数超过 100 万户，占有率为整个国网公司集中抄表系统市场的 18.75%。

然而，龙昌明还没有来得及为这一成果庆功，国际金融危机爆发了，随之而来的是对未来经济、科技发展制高点的争夺，而普遍加快新能源、新材料、信息网络技术、节能环保等高新技术产业和新兴产业的发展几乎不约而同地成为了发达国家的竞争战略。对于中国而言，电网的发展作为能源供应的重要环节必须在原有的基础上再次加大建设力度。于是，国家电网公司不仅陆续出台了相关新的技术标准，而且大大提高了用电信息采集系统标准化程度。

新挑战往往孕育着新机遇，新机遇也通常隐藏着新问题。用电信息采集终端设备的生产领域在相关新政策的推动下，更多的有技术和经济实力的电能表生产厂家开始加入进来，无不想分得一杯羹，但同时更意味着，在日趋激烈的市场竞争中谁能够在产品质量、价格、研发、服务和市场开拓能力等方面占得先机，谁才能真正获得市场的认可。

龙昌明很快便意识到，自己所处的行业已经进入了"完全竞争"的时代，其中还隐藏着两大致命的威胁：一是自身的竞争优势一旦无法继续强化，便会成为竞争对手的垫脚石；二是本可引以为傲的地域优势已经成了一种潜在的风险。江苏省用电信息采集系统的市场需求必然会发生变化，如果自己不能打破地域限制，就会成为名副其实的瓮中之鳖。

这就是竞争的残酷性，但龙昌明不会就这样任人宰割，他决定与自己的母校东南大学以及其他一些著名高校形成战略合作伙伴。依托多所著名院校的科技、人才优势，龙昌明带领光一科技有限责任公司不断进行前瞻性的技术创新与研究，不仅增强了持续研发能力，而且保障了用户不断变化和发展的需求，尤其是针对国家电网公司及各网省公司的产品需求给予了最大程度的满足，如此便很好地解决了业务区域集中的问题。

显然，对于任何一家企业而言，市场永远是最重要的风向标——顺应市场，走向强大；脱离市场，走向灭亡。

上市再出发

2011年，是"十二五"计划开局之年，也是用电信息采集系统进入全面建设阶段的元年，同时中国用电信息采集系统的市场也再次为所有的电能表生产厂家布置了一项新任务。

2011年6月，国家电网公司下发《关于进一步扩大公司集中采购范围的通知》，称用电信息采集系统将实行"总部直接组织实施"的采购模式。也就是说，所有的电能表生产厂家必须参加国家电网公司组织的全国性统一招标。

这意味着，光一科技必须赤裸裸地面临售价下调的现实。

国家电网公司随后又启动了关于加快电力营销现代化建设政策的落实和坚强智能电网项目，其中隐含着的一层意思便是，用电信息采集产品潜在的巨大需求开始呈现几何级增长趋势。

而问题是，光一科技目前的终端设备供应能力与巨大的市场需求已经出现了一道不可逾越的分水岭。此时的龙昌明已经被逼到了"梁山"——

只有不惜一切代价扩大产能和技术投入才能满足日益扩大的市场需求，才能保持并进一步提高市场份额，才能实现可持续发展。

不惜一切代价的背后正是资金，没有其他。那么，是继续寻找风投，还是另寻出路？

这时，龙昌明无意间看到了一条信息：截至 2011 年 12 月 31 日，2011 年 A 股市场迎来 277 个新面孔，全年 IPO 融资总额约达到 2820 亿元，在全球主要市场当中再度名列前茅。这让正在为资金发愁的龙昌明马上看到了曙光，并做出决定——去创业板上市融资。

然而，根据《中华人民共和国公司法》、《中华人民共和国证券法》、中国证监会和证券交易所颁布的规章、规则等有关规定，上市企业必须改制为股份有限责任公司或设立股份有限公司。但对于这一点，龙昌明并没有过多的担心。早在 2009 年龙昌明已经对光一科技有限责任公司实施了变更，即使在 2010 年光一科技又引进了许多新的投资者，也始终没有动摇龙昌明绝对的大股东的地位，他依然持有 61.5% 的股权。

所以，光一科技接下来的上市之路也是走得比较顺畅的。华泰联合证券有限责任公司作为光一科技的上市保荐机构，并承担了相关保荐责任。

只不过，光一科技的路演并不是十分顺利。光一科技在 2011 年的主营业务收入中中标形成的收入占比达到了 96.73%，而其中 57.31% 的营业收入竟是其第一大客户江苏省电力公司为其带来的，光一科技一度被称为"寄生"公司。

因此，在光一科技路演过程中有投资者毫不留情地问道："从近两年来创业板'寄生'企业现状来看，不少'寄生'于少数国有大型企业集团的上市公司，由于客户集中暴露出不少风险，公司对此将如何解决？"

诚然，这一问题的答案决定着光一科技能否成功上市。对此，龙昌明是慎重的，并要求自己一定要给投资者一个满意的答复。他是这样回答的："广义地讲任何企业都需要依靠客户才能发展，光一科技是典型的生产者服务业，服务于拥有几万亿的客户市场。"

紧接着，他又让投资者看到了他对于光一科技的自信："公司经历了十余年的发展，业绩在行业中一直持续稳定增长。电力行业是国家的战略性行业，智能电网的建设作为国家战略是长期的、持续的、稳定的，为公司的发展提供了广阔的发展空间，而公司所具有的核心技术和信息采集平台及系统经验，这些都能保障公司持续发展。"

或许从某种意义上说，投资者并不在意企业的性质，而是能不能让他们看到希望，获得回报。

2012年10月9日，光一科技成功登陆创业板，发行2167万股，发行价18.18元/股，对应市盈率30.18倍，募资总额39396.06万元，扣除发行费用后募集资金净额35429.12万元。本次募集的资金将用于电力用户用电信息采集系统产能扩大建设项目和研发中心建设项目等。

2013年4月，这家上市仅半年的创业板公司，交出了一份靓丽的业绩答卷。2012年，光一科技新增订单4.3亿元，实现营业收入3.86亿元，同比增长49.92%；实现净利润约7266万元，同比增长38.39%。

☕ 启示录

任何一家想要成功上市创业板的企业，除了要满足所有的创业板上市条件之外，还需要考虑一个重点对象，即投资者。他们才是企业能否成功融资，以及融资多少的关键。

而吸引他们甘愿拿出自己的钱给不相干的人去发展的主要因素，不仅包括上市企业是否具有高新技术，是否具有顶尖人才，是否具有优秀的管理者，是否具有独到的创新能力，是否具有强大的竞争力，是否具有广阔的发展前景，还需要给他们一份坚信，一种正能量。

龙昌明正是做到了这一点，投资者才最终买了他的账。

第二节
慈星股份：易主首富宝座

公司简介[①]

宁波慈星股份有限公司（股票代码：300307，以下简称"慈星股份"），由裕人有限依法整体变更设立的股份有限公司。主营业务为电脑针织机械的研发、生产和销售，是一家致力于提升我国针织机械技术水平，推动针织工艺发展进步，实现针织业产业升级的高新技术企业。董事长为孙平范。

根据中国纺织机械器材工业协会统计，2010年慈星股份电脑针织横机销量超过了包括德国斯托尔公司和日本岛精公司在内的国际厂商在我国的销量总和，产销量超过两万台，销售额达到人民币25亿元，利润为人民币7.3亿元，出口电脑针织横机308台，货值518.1万美元。

2012年3月29日，慈星股份于创业板正式挂牌上市。慈星股份掌门人孙平范手中持有2.837亿股慈星股份的股票，按当日发行价格计算，孙平范个人身家近100亿元，名列创业板首位。

---

① 资料来源于宁波慈星股份有限公司网站 http://www.ci-xing.com。

上市概述

20世纪80年代，在中国有这样一群人，他们乘着改革的春风，通过辛勤的劳动获得了一定的财富和社会地位，换句话说，他们拥有了属于自己的事业。

有一天，当他们发现自己老了，不得不把"交接班"提上日程，衷心地希望自己所创造的一番事业能够一代一代传承下去的时候，遗憾的事情终于发生了，他们的子女并没有"子承父业"，甚至选择脱离上一代人的原始产业，仅以上一代人作为学习的榜样，或者把上一代人当做一种精神力量，重新开创自己的人生事业。

我们通常将这种不愿继承祖业，立志通过自己的双手创一番事业的人称为"创二代"，他们有理想、有远见、有智慧、敢拼搏、愿付出。而我们今天所要讲述的主人翁便是一位典型的"创二代"——孙平范，就是这样一个个子不高的人，带领一家成立不足十年的企业，做到了打破行业格局，一举成为世界三强，并成功上市。

不经一番寒彻骨，哪得梅花扑鼻香

1969年，孙平范出生在以轻纺基地著称的浙江慈溪白沙一个经商家庭——"外公生产手摇机，父亲做针织品生意"，从小的耳濡目染，加上对机械生产的浓厚兴趣，使他很快就在商界脱颖而出。

其实，和大多数创业者按部就班的思想观念相反，如果翻阅孙平范的个人资料，不难发现他的最高学历只有中专。但是，17岁时的孙平范已经被当时的很多人誉为"横机小神童"。而且，在这种光环的强烈照耀下，让他年轻的身体里本就充满激情细胞的孙平范更加兴奋。作为一个商人，他意识到，商人就要开创自己的一片天地。

1988年，怀揣着创业的梦想，20岁不到的孙平范离开了故土，只身踏上了浙江台州的土地。很快,这个尽管年纪不大,个子不高的人在台州创办了一家金星针织机械厂。不过,孙平范并不打算像父亲那样依靠针织品生意发财,他的目标是顺应市场趋势,抓住市场机遇,生产当时市场上最流行的手摇横机。

结果是,孙平范的第一次创业获得了成功,在接下来的将近 10 年的时间里,金星针织机械厂的发展道路可以说是一帆风顺的。

然而,随着市场的不断对外开放,以及用户不断升级的新需求,一种潜在的危机正在悄悄袭来。

20 世纪 90 年代末,一种极大的不安笼罩着中国的整个横机产业。国外的一些横机生产企业开始进军中国,并且将一种电脑横机带到了国内市场,甚至用事实向国内用户证明了他们的电脑横机只需要两个工人的生产能力就可以取代传统手摇机 20 个工人的生产能力,提高的不仅仅是生产效率,更是可观的经济效益。

无疑,传统手摇横机行业的成长瓶颈已经初步形成。关键是,当这样一种巨大的命题开始拷问传统手摇横机行业时,我们应该怎么办?

孙平范绝不是坐以待毙的人。尽管从当时中国的经济情况来看,国外电脑横机的价格相当于 500 台手摇横机的价格,似乎让人难以接受,但孙平范最终还是做了一个大胆的决定,主动放弃自己在手摇横机行业相对稳定的发展。

用现在的一句时髦的话说,他越狱了,但不是逃亡,而是重新开始,二次创业的目标是产业转型升级。

人生事业的转折,可能就是源于一种敢于舍弃的胸怀。

"方向对了,路就不远。"孙平范经常这样说,"其实在当时,我们做的手摇机和半自动横机市场销售得非常好。为什么选择做电脑横机,一方面是我们在这个行业里沉淀了很多年,看到了行业发展的趋势。这个趋势告诉我们,全电脑横机是未来产业转型升级必经之路,如果我们当时不做，以后也要做，要是我们当时故步自封，那必然被市场所淘汰。"

集信心与决心于一身后，不顾一切拼命向上的顽强力量指引着孙平范开始了一场"豪赌"。

2003年，孙平范和他在台州所有的经营积累一起回到了慈溪老家。因为孙平范知道，手摇横机已经犹如快要落山的太阳，而未来的横机市场必然会被电脑横机所占领，所以，回到家乡后的孙平范所做的第一件事便是设计、研发、生产电脑横机，不惜投入全部家当，甚至从银行贷款。

"不论花多少代价，我都要把机器造出来。"伴随着孙平范不撞南墙不回头的执拗，这一年，宁波市裕人针织机械有限公司（以下简称"裕人有限"，即"慈星股份"的前身）设立。同时，孙平范也迎来了他在资本道路上的第一位客人——香港创富集团出资300万美元，占有裕人有限100%股权。

乍一看上去，孙平范似乎变成了一位打工者，事实上，他是在为以后的公司改制做铺垫，而他眼下急需去做的只有一件事——核心技术一定要自己拥有。

从制造走向"智"造

面对针织由手摇横机向高度机电一体化转变的革命性提升，孙平范是清醒的："当时，一些核心零部件的技术长期被德国和日本几家大公司垄断，所有的设备都是进口，国内没有相关的专业人才，技术开发相当困难。"

值得庆幸的是，孙平范并没有被困难吓倒，而是以最快的速度和百倍的付出踏上了求学之路。

在当时整个中国大陆尚没有案例和经验可以借鉴的情况下，孙平范把学习的目标定在了大陆以外的学者和专家身上。一个人的力量终究是有限的，于是，孙平范在不断提高自己的同时，也不断从中国台湾、日本等聘请专家和技术人员，让企业员工的技术水平也得到了切实的提升。最终，一支优秀的研发团队和孙平范一起经过三百多个日日夜夜的不懈努力，第一台全电脑横机的模型样机"慈星"诞生了。

对此，孙平范曾说："为了一个关键零部件，我们几个研究人员可以连着熬三天三夜，让我睡也睡不着。"正是带着这种拼搏不懈的精神，孙平范和他的"慈星"终于迎来了凤凰涅槃的机遇。

2004年，或许是出于国内手摇机市场渐渐萎缩想要寻找更好的发展途径，抑或是其他原因，浙江桐乡举办了一场"2004桐乡纺织工业展览会"。可想而知的是，展览会的主角必定是国际品牌，那么，接下来所发生的，也必然是让人意想不到的。

在本就可圈可点的几个国内品牌中，孙平范和他的"慈星"的出现已经让很多人感到意外，再加上"慈星"以全电脑横机的身份亮相，也难怪瞬间征服了全场。因为"慈星"的问世完全意味着它已经打破了国外品牌垄断市场的格局。

由此，孙平范正式迈开了坚实的发展步伐，财富的大门也向他敞开。可是，蜜月总是短暂的。

也就是在那时，孙平范不得不开始面对一场只针对自己的危机。自2004年一鸣惊人后，直到2006年，孙平范带领裕人有限一路过关斩将，而且其强大的市场竞争力已经让很多人眼红，尤其是一些原来的行业领导品牌，孙平范进行了明争暗斗，处处打压。

可以说，对于当时的孙平范来说，既孤独又气愤，因为这场看不见硝烟的战争远没有他想象的那么简单，也没有那么早结束。

2007年，当"慈星"作为中国内地第一家电脑横机参展商如约来到德国慕尼黑举办的国际纺织机械展上时，一场意外再次降临了。只见孙平范刚刚将"慈星"运到会场，慕尼黑法院的工作人员便迅速地拿出早就准备好的封条将"慈星"打入了牢笼。这究竟是怎么回事？有点"丈二和尚摸不着头脑"的孙平范急忙四处打听，原来是销售电脑横机的日本岛精公司在幕后捣鬼。

他们认为孙平范之所以能够在几年时间内研制出无论是精度还是技术都没的说的电脑横机，肯定是盗取了他们的专业技术，于是，他们要求当地法院对"慈星"封锁，并要求对"慈星"进行严格检查。但最终结果却使在场的所有专家无不大吃一惊，"慈星"的设计原理与日本岛精公司的专利技术完全不同。随即，当地法院做出决定，日本岛精公司不仅要当场承认"慈星"没有侵犯他们的专利，而且要赔偿"慈星"的所有损失。

孙平范的发展之路是坎坷的，不过与它随后带来的财富相比，这一切难道不是值得的吗？

在德国慕尼黑举办的国际纺织机械展上，"慈星"初次露面就引起了巨大轰动，成为全场追捧的产品。作为唯一一家参展的中国品牌，"慈星"在国际上更是名声大噪。

其实，在"慕尼黑事件"后，孙平范已经下定了一个决心："做世界针织技术的引领者。"无疑，这是一个伟大的目标，所以它的实现难度也就可想而知，正如孙平范自己所说："智能化针织机械产业是技术高度密集型产业，产品技术的开发速度一定要快。但客观上必须认识到，一些关键技术的研发，往往要经过三五年的时间，以我们现在的研发能力，短时间内要赶上国际先进技术水平，是不可能完成的任务。"

当客观事实无情地摆在面前时，继续前进的方法只有一个，那就是"求变"。经过对实际情况的仔细分析，孙平范最终确定了一条从"制造"走向"智造"的最快途径——并购。

2008 年，国际金融危机同样降临到了中国大地，无论是大企业还是中小企业无不在艰难中求生存，而孙平范却在悄悄地实施着他的并购战略。

很快，意大利知名企业普罗蒂成为了孙平范的并购目标。如果可以成功并购普罗蒂，其高端机型恰恰可以填补"慈星"高端产品的空白。但孙平范很快便发现，并购普罗蒂的计划其实是一个错误的战略，绝对不能付诸执行："在纺织机械行业，由于欧美品牌对中国大陆市场并不是很重视，虽然技术比较领先，但品牌影响力却下降很快，已经逐渐边缘化。一部分国际品牌的含金量在市场转移、品牌集中的过程中，不再具备曾经较高的市场价值，一些企业真实的市场竞争力已大幅度下滑。"

普罗蒂品牌便包含其中。无奈之下，并购普罗蒂的计划只能以"流产"告终。当然，孙平范寻找并购"猎物"的脚步并没有因此而停下，只不过在继续寻猎的过程中，他还做了一个非常有远见的决定。

孙平范在 2003 年刚建厂的时候曾引入了香港创富，而在不久后的 2004 年 11 月，香港创富便独家出资设立了创福（宁波）纺机有限公司，而且与裕人有限同样从事着电脑针织横机的制造业务。问题是，这样一来，必定会降低公司的抗风险能力，也无法更好地集中资源。

于是，2009 年，为了理顺管理构架，降低管理成本，提高协同效应，孙平范决定合并创福（宁波）纺机有限公司，并按照创福纺机合并基准日 2009 年 6 月 30 日的资产、负债和所有者权益账面价值予以入账，合并后的裕人有限注册资本为原裕人有限和创福纺机注册资本之和，达到了 810 万美元。

与此同时，实力更加强大的裕人有限，底气更加充足的孙平范加快了并购的步伐。这一年，孙平范将并购的目标瞄向了世界最大的电脑横机制造商之一——瑞士事坦格集团，而且很快便进入到了谈判阶段。

但是事坦格集团毕竟是国际性知名企业，如何才能让其同意并购呢？孙平范曾说："收购事坦格，看中的是其丰富的产品线、海外销售渠道和强大的研发力量。事坦格电脑横机的嵌花技术在全球是最先进的，研发能力也很强。但过去因为价格比较昂贵，所以事坦格全球市场销量不高。"

孙平范正是抓住了事坦格这一致命弱点，经过不止一次的交涉，最终于 2010 年 6 月顺利实现交割。而对于不以价格而是以"能不能帮助自己做强"为目的的孙平范来说，不仅大大提升了"慈星"的嵌花精密技术，更为重要的是借助事坦格的国际销售网络打开了国际市场，"慈星横机"在全球获得了更高的品牌美誉度。

2009 年 9 月，裕人有限进行了第一次股权转让。随后不久，裕人有限又进行了第二次股权转让和增资。2010 年 12 月，裕人有限变更为慈星股份有限公司。此时，裕人有限正式变更为慈星股份有限公司。

整体变更后，慈星股份 182367508 股被裕人投资持有，占公司股权比为 53.6375%；慈星股份 103232498 股被香港创福持有，占公司 30.3625% 的股权；慈星股份 22099984 股被创福投资持有，占公司股权 6.5%。

事实上，在这几次股权转让的过程中虽然有数家企业参与其中，但只有一个人成为了最终的赢家，那就是孙平范，他几乎一直牢牢掌握着裕人有限的股权。

基于这一有利的局面，孙平范带领慈星股份已成功实现了从制造向"智"造的转变。截至 2011 年 6 月 30 日，慈星股份已拥有国内专利 57 项，其中 8 项为发明专利；国际专利 6 项；软件著作权两项。同时，也成了国家行业标准的首席制定者，并迅速成为行业冠军。

然而，虽然电脑针织机械市场在不断扩张，公司产品市场认可度也比较高，但始终有一个古老的命题难以规避——供不应求，即现有产能的限制无法满足迅速增长的市场需求。当慈星股份同样遭受产能不足的制约时，想要快速进入下一个高速成长的阶段，就不得不寻找更好的方法或者捷径。

当一切问题都不是只有一个或不变的答案时，孙平范想到的是"上市"。

易主首富宝座

诚然，对于只有 10 年左右发展历程的慈星来说，无疑是年少的，但它创造的成就却是老成的。正如孙平范所言："无论你望得多远，总有无限的空间在外边。这是一个充满无限可能的时代，也是一个属于超越者的时代。说慈星创造了历史，也许并不完全准确，因为慈星还在创造历史，难道不是吗？"

所以，当慈星股份按照孙平范的计划开始实施上市准备时，难怪有人会对慈星股份截至 2011 年底高达 9 亿元的未分配利润提出这样的疑问："公司效益如此之好，为何还要选择上市？"

"我在针织机械行业工作已经二十多年，并不是为了上市而上市，希望借助资本市场这个东风，把行业做得更好更强，这是我本人最大的梦想。"孙平范对此明确说道，"这也是推动慈星快速成长背后的力量。"

有了理想，有了方向，接下来就应该确定最明确的目标。对于孙平范来说这无疑是一个生死抉择，一旦选错了上市地点，可能就意味着慈星股份失去了机遇，甚至需要从头再来。

权衡再三，孙平范最终决定在创业板上市。在孙平范看来，创业板的定位最清晰——立足于支持自主创新的国家战略，重点支持包括电子信息、生物医药、航天航空、节能环保、新能源、新材料、先进制造业和高技术服务业在内的高技术新兴产业。

而慈星股份主要从事的是电脑针织设备的研发、生产和销售，正是一家致力于提升我国针织设备技术水平、推动针织工艺发展进步、实现针织业产业升级的高新技术企业。

慈星股份选择在创业板上市，显然是一种"志同道合"。

所以，在很多人看来，像慈星股份这样质量比较好的公司 IPO 审核也应该比较顺畅。然而，事实却并非想象中的那么简单，无论是申报材料，还是到最后的发行，每个环节都刚刚做到了及格。可以说，慈星股份的上市路程是异常紧张的。

庆幸的是，颇有远见的孙平范早在 2010 年便为慈星股份选择了一家非常不错的保荐机构——国信证券。尤其是在材料的申报反馈阶段，国信证券更是倾注了最大的努力。以所有问题的最终反馈为例，往往相当于重新写一遍招股书，但是国信证券的项目组人员不仅没有拖过后腿，甚至为了高质高效地完成工作，不惜日夜倒班。

2011 年 12 月 13 日，慈星股份首发获证监会审核通过，拟发行 6100 万股，发行后总股本 40100 万股。与此同时，在预先披露的招股说明书中，慈星股份详细披露了公司产品的三大竞争优势："进口替代"的性价比优势，凸显规模效益的成本优势，以及产品结构优势。这一举措，无疑为广大的投资者吃了一颗"定心丸"。

2012 年 3 月 18 日晚间，慈星股份发布上市发行公告，股票发行价 35 元 / 股，发行市盈率 16.43 倍，若本次发行成功，发行人募集资金数量将为 21.35 亿元。

2012 年 3 月 20 日，慈星股份首次公开发行股票网上路演。

2012 年 3 月 23 日，慈星股份公布其首次公开发行股票的摇号中签结果。慈星股份此次中签率为 1.44%，网上发行超额认购倍数为 69 倍，冻结资金 1190.03 亿元；网下发行申购倍数为 1.7 倍，有效申购资金为 7.14 亿元。

2012 年 3 月 29 日，被誉为全球最大的电脑针织横机生产商的宁波慈星股份有限公司登陆创业板成功上市，股票简称：慈星股份，股票代码：300307。

自此，又一个百亿富翁诞生了，他就是慈星股份的年轻掌门人——孙平范，因为如果按照慈星股份上市当天的发行价格计算的话，他的个人财产可能达到了 100 亿元左右。

然而，一个戏剧性的转折是，慈星股份上市第一天就告破发，但这并没有阻碍孙平范登上创业板的首富宝座。因为孙平范始终是一股独大，掌握着慈星股份 2.837 亿股的股票，以慈星股份截至 2012 年 7 月 23 日的收盘价 22.9 元 / 股计算，孙平范手上的股票市值依然可以达到 64.97 亿元。

这一数字已经远远超过了创业板排名第三的北京碧水源科技股份有限公司董事长文剑平的 45.78 亿元，而且也超越了排名第二的重庆智飞生物制品股份有限公司董事长蒋仁生的 56.67 亿元。

如果以最终的结果审视慈星股份的上市过程的话，慈星股份或许不是最成功的，因为在很多人的眼里，上市就等于圈钱。但是，孙平范其实早已有言在先："我们公司上市不是为了圈钱融资。" 慈星股份选择上市主要是为长远发展作考虑——成为真正意义上的全球行业领跑者，而且它做到了。

☕ 启示录

成功登陆创业板的公司往往是具备了一定的盈利基础，拥有一定的资产规模，且需存续一定期限，具有较高成长性的企业。换句话说，想要在创业板上市的企业，首先要满足这几个最基本的标准，同时，这也是一家优质企业的基本标准。而一家高质量的公司通常可以顺利通过证监会的审核。

那么，回顾慈星股份的上市历程，在制造业一向发达，却也不乏低、乱、杂、散态势的浙江慈溪市，慈星股份爆发式的增长（自 2003 年建厂开始，短短数年时间内即跨越了千万、亿元、十亿、三十亿的门槛）无疑是令人瞩目的。而且，慈星股份一直坚持"技术决定企业命运"，始终以技术创新作为企业发展的动力，最终成为了与德国斯托尔公司、日本岛精公司并称的世界电脑横机前三强企业。

这样的企业难道还有人会怀疑它不优质吗？

除此之外，想要成功登陆创业板，还需要未雨绸缪。慈星股份的掌门人孙平范正是具备了远见能力，在慈星股份成立之初便开始引入外资，并在慈星股份的发展历程中不断地增资扩股，这些我们都不妨看做是慈星股份在为创业板要求发行人具备一定的资产规模作铺垫。

第三节
吉峰农机：华丽转身，青蛙变王子

公司简介[①]

　　吉峰农机连锁股份有限公司（股票代码：300022，以下简称"吉峰农机"），始创于1994年，正式运营于1998年，2008年完成股份制改造，注册资本为6695万元人民币，法人代表为王新明。

　　公司在全国农机流通连锁类企业综合实力排名中位居第一。吉峰集团是以上市公司吉峰农机为旗舰、昊升三农"大农机"产业地产与吉峰三农商城为侧翼的现代化集团企业。

　　公司主要从事国内外名优农机产品的引进推广、品牌代理、特许经营、农村机电专业市场开发，已形成传统农业装备、载货汽车、农用中小型工程机械、通用机电产品等四大骨干业务体系，通过锻造"大网络、大农机、大流通、大平台"形成企业核心竞争力，成为领先的农机流通品牌。截至目前，已建成直营店230余家、县乡经销服务网络3000余家，网络覆盖全国24个省（市、区），系中国农机流通行业的首家上市公司，中国最大的农机流通企业。

---

① 资料来源于吉峰农机连锁股份有限公司网站 http://gifore.jerei.com。

吉峰集团"吉峰三农商城"立足电子商务业务，与吉峰农机连锁网络和昊升三农"大农机"产业地产"线上"、"线下"紧密结合，将成为我国农机乃至农资流通业未来的主要业态。

吉峰农机现为中国农业国际交流协会副会长单位、中国农业机械化协会副会长单位、中国农机流通协会副会长单位、中国农机学会常务理事单位、中国物流与采购联合会常务理事单位、中国连锁经营协会理事单位、国家 AAA 级农机营销企业、四川大企业大集团；先后荣获中国证券市场20 年最具活力新锐上市公司、中国最具创新商业模式创业板上市公司、中国特许经营社会责任奖、全国农机流通杰出贡献单位等荣誉，集团董事长王新明被评为中国生产资料流通年度人物、推进流通现代化杰出企业家。

2010 年 10 月 30 日，吉峰农机成功登陆创业板，发行市盈率为 57.26倍，融资 9.38 亿元人民币。

上市概述

中国的西南方有个彝族自治州叫凉山州，凉山州的某个村子有一位农民。某天，这位农民揣着好不容易积攒下的十几万元远赴省会成都买回了一台大型农机。

一年中最为忙碌的收割季节到了，农民朋友开着新买的农机忙得热火朝天。正当他干得起劲时，机器突然坏了。看着像废铁一样躺着一动不动的农机，这位农民急得在田头转来转去，不知如何是好。因为农忙只有一个月，如果机器不能很快修好，过了农忙时节，农机就没价值了。想到这，他连续几次打电话给厂商，请求对方派技术人员赶去维修。

但问题是，从成都到凉山州，开车需要三天时间，来来回回也就是六天。厂商觉得成本实在是太高。想来想去，最后厂商终于想到请吉峰农机派技术员前往。

在出发后的第三天，吉峰农机的技术员终于赶到了凉山州农民的家里，然后只用了 5 分钟就把农机的故障解除了。

看着吉峰农机的技术人员轻而易举地就解决了困扰自己许多天的问题，农民朋友拉着技术人员的手久久不舍得放开。在说了一堆感谢的话语后，农民朋友还是觉得不能表达自己的感激之情。脑筋一转，他问技术人员吉峰农机生产的是哪个牌子的机器，自己以后可以向乡亲们推荐。

技术人员听了笑笑，告诉农民朋友，吉峰农机本身不生产农机，而是一家经营农机的连锁超市，并向顾客提供售后的技术服务。

这就是我们今天故事的主角：吉峰农机。

"野百合"也有春天

1994 年 12 月 8 日，曾在四川省农机化技术推广总站担任站长的王新明参与组建吉峰农机的前身——四川省吉峰农业工程有限责任公司。公司注册资本 30 万，经营范围为农业工程技术服务和咨询、零售农业机械及配件、汽车零部件、摩托车及配件、建筑材料、化工产品、家电、日用百货和农副产品。

1998 年，吉峰农机开始正式运行。最初，吉峰农机并没打算专卖农机，而是进行了多种尝试。譬如作传统批发零售，开分公司等。但一段时间以后，王新明发现，这种通过总部向分公司进行批发和销售的模式所取得的效果并不是很好。

经过不断实践和总结，吉峰农机开始将旗下业务逐步定位于农机流通行业。

在我国，农民对农机技术人员的依赖性很高，且农机的维修既频繁又急迫。但按照传统的农机销售模式，农机的维修基本上要靠农机生产厂家来保证，所以农机流通领域一直存在着"重销售、轻服务"的特点，农民的意见很大，有很多的农机因为无法及时维修成了废铁。

为了改变这种现状，吉峰农机的董事长王新明首先要做的工作就是解决人才问题。

然而现实情况是，在人们的眼中，企业一旦跟农机流通行业沾上边，其从业人员几乎就等于跟没出息、穷酸沾上了边。

在我国，农机流通行业是受传统计划经济体制影响较深的一个行业，自 20 世纪 90 年代以来，随着改革开放和市场经济的不断深化，国有农机流通企业存在着诸多的弊端，已无法满足市场需求，80% 以上的国有农机流通企业破产、转产或停业，仅有 20% 左右的企业通过改制重组的方式生存下来，但也仅仅是生存下来而已，远谈不上发展，整个行业依然呈现"小、散、乱、弱、缺"的特点。因为待遇实在太差，看不到前景，农机流通行业内有八成以上的专业人才最终都选择转行。

2001 年，为了聘请一位曾任国营公司的副总到吉峰任职，王新明亲自找了这位副总 4 次，最后一次深度沟通更是长达 10 小时。王新明的坚持终于感动了这位副总。在资金、办公条件、生活条件都极为艰苦的条件下，副总加入了吉峰。

为了招聘行业内较为成熟的人才，吉峰农机往往要进行长期多次的沟通和理念交流。这时候，王新明不得不考虑一个问题：怎么才能让农机流通从业人员找到幸福感？让他们愿意留下来，为这个行业服务？

想来想去，王新明认为吉峰农机要做的，就是要让委屈了十几年的农机从业人员找回一种尊严，赢得别人的尊敬，让大家知道干农机也是有奔头的，干好了农机服务，一样可以有出息。

但王新明明白，赚不到钱，所有的一切都只是空谈。因此，方法只有一个：找到一种跟传统农机销售不同的盈利模式。

正当王新明为寻找新的经营模式而苦闷时，国美和苏宁先后上市的消息传来，这让他的眼睛不禁为之一亮。

在查阅了国美和苏宁所有的上市资料后，王新明发现，苏宁、国美等家电行业同样面临售后服务与网络资源要求。但苏宁和国美却成功地通过连锁经营方式快速将其业务规模放大，品牌价值也借助网络资源得到迅速扩大。

为了深入研究连锁经营模式，王新明先后三次到国内不同名牌大学学习MBA、EMBA。2005年，吉峰农机确定将连锁经营模式开创性地嫁接到农机流通行业中。

吉峰农机面对的是农村市场。农村市场地广人稀，很多用户购机难，用机难，想买不敢买，但购买的需求是存在的，需要专业公司开发，用农村市场可以接受的营销方式，保障产品的售后服务、零配件的供应问题、后续需求等。若只是卖农机，可能任何一个企业都能做到。因此，为了形成自己的核心竞争力，吉峰农机开始引进"连锁经营＋专业服务"的模式。

2005年，吉峰农机创新地把连锁经营商业模式引入到农机商业流通领域，一举打破了传统农机流通企业各自为政的局面。

吉峰农机主要代理销售的是各类农机装备和相关农机产品，并通过专业的配套服务，实现产业增值，引导行业从单纯的价格竞争向价值竞争转型。由于具备集中采购、统一配送、标准服务等特点，其农机连锁经营运营模式借助专业化分工优势，有效支撑了规模扩张，优化了农机行业产业链，形成大流通支持大工业的局面，大大降低了农民的农机使用成本。

而专业化服务则进一步补充了连锁经营模式，通过专业化咨询、售前培训为一体的多功能现代服务模式，吉峰农机不断培养了新的盈利增长点。

另外，通过连锁网络的不断扩张，吉峰农机逐步增强对上游供应商的议价能力。其直营连锁体系在减少销售中间环节、缩减销售管理费用的同时也提高了盈利能力。

借助"连锁经营＋专业服务"的经营模式，吉峰农机的规模迅速扩大。

另外，根据国家相关规定，购买农机者享受"差额购机"政策，供货商承担"代位垫资"义务，农机部门履行"即购即补，直补农民"职责，财政部门执行"统一结算"原则。因此，在吉峰农机的盈利模式中，政府补贴收入和供应商返利成为其利润的主要来源。

几年间，吉峰农机实现高速扩张。2006年—2008年，其营业收入年复合增长率达到93.74%，总资产复合增长率达38.57%、净利润复合增长率达429.96%。

择日不如撞日

随着公司的进一步发展，吉峰农机结合中国农村市场特点和发展阶段，制定出布局全国市场的"三步走"战略规划：第一步，2008年前快速完成大西南地区布局；第二步，用两至三年时间快速辐射长江以南15个省市；第三步，在2013年前完成全国性布局。

借助农机连锁本身具有的孵化功能，吉峰农机迅速形成遍布七省一市的农机网络，在西南农机市场一枝独秀。

然而，要迅速形成规模，网点就要上量。但吉峰农机在二级城市开一家连锁店，就要投入一百多万元。而吉峰农机在最初创业时，其流动资金也仅有一百多万。在极速扩张的情况下，吉峰农机经过多年积累的原始资本远难满足其发展的需求。

另外，一直到2005年，吉峰农机才好不容易得到了第一笔贷款。因此，对正处于快速发展和扩张的吉峰农机来说，其最大的瓶颈制约就是资金。

处处受制于资金，吉峰农机自然而然地想到了要上市融资。最初，吉峰农机是想等到公司的规模达到一定程度、经销网络基本形成、营业额达到一定规模后，再考虑让公司上市。

但在2007年，吉峰农机的一名高层因为一个偶然机会参加了一个培训。在同一家创投公司进行交流时，这名高层发现原来上市时间还是可以提前的。

2007 年下半年，吉峰农机的管理团队经过慎重研究，决定正式启动上市程序。

2008 年 1 月，吉峰农机完成改制工作。跟所有的公司行为类似，吉峰农机股权发生了频繁的变更，其中包括股权转让、注资和扩股。

在积极准备上市的同时，吉峰农机还积极寻找风险投资。

2008 年第 4 季度，有意借助外部资金到省外大举扩张的吉峰农机与国内私募投资机构昆吾九鼎开始接触。

在几个月时间里，昆吾九鼎考察了吉峰农机所有的经营地区，访问了行业内外人士。经过近半年的考察与沟通，昆吾九鼎得出这样的认识：吉峰农机一开始就将目光投向更加广阔的外部市场，敢于也善于与外部的对手进行直接竞争，而且竞争和合作的分寸也把握得非常好。

2009 年 3 月底，昆吾九鼎在公司的项目决策会议上很快通过了对吉峰农机的投资决议。

不久，国内创业板开闸了，早有准备的吉峰农机首先递交了上市申请。而昆吾九鼎作为一家专业投资机构，在给吉峰提供资金的同时，还在上市推动、中高层团队建设、新的业务市场开拓、ERP 建设、银行融资等很多具体领域为吉峰农机提供了一定的增值服务。

"青蛙变王子"

2009 年 9 月 24 日，吉峰农机成功过会。因为行业独特性，因为可复制，因为高成长，因为业务简单明了，因为背靠优惠政策，吉峰农机受到投资者的热烈追捧。

10 月 30 日，吉峰农机作为首批受审通过的企业登陆深交所创业板，成为中国农机连锁销售领域第一家上创业板的企业。

当日吉峰农机即以近于发行价 17.75 元 / 股两倍的价格（35.31 元 / 股）收盘，最高时一度上涨至 51.8 元 / 股。最终，吉峰农机成功融资 9.38 亿元。与此同时，吉峰农机还产生了上百名千万富翁。

　　这家原本就稳坐农机流通行业头把交椅的企业，在成功从资本市场融资后，正在成长为一家"巨无霸"企业。2009 年，吉峰农机已经拥有涵盖四川、重庆、贵州、广西、陕西、云南、广东、福建、浙江、湖南、黑龙江等省市近 100 家直营连锁店、700 家代理经销商的梯级连锁营销网络架构。成功登陆创业板后，有了资本市场的助力，吉峰农机在通往梦想的路上更是以急行军的速度向前进。

　　而吉峰农机在创业板挂牌上市，给农机流通行业带来的无异于一场革命。因为在吉峰农机之前，资本市场对农机流通行业绝对是陌生的。

　　"谁说干农机没出息，你看吉峰农机都上市了。"在憋屈了十几年后，看见吉峰农机从被人认为是一只青蛙摇身一变成为了"王子"，一位农机站老站长终于在儿子面前自豪起来……

☕ 启示录

　　我国是农业大国，农机购买的需求是存在的，并且市场广阔。但农村市场地广人稀，农机产品的售后服务，零配件的供应问题、后续需求等很难保证。面对有待开发的农村市场，吉峰农机引进"连锁经营＋专业服务"的模式，一举打破了传统农机流通企业各自为政的局面，形成企业的核心竞争力。

　　在商业领域，连锁具有快速成长的魔力。2006 年至 2008 年，吉峰农机营业利润复合增长率高达 338.33%，其成长性在同批登陆创业板的公司中位居第一。

　　另外，吉峰农机从一开始，目标就直指创业板。连锁经营模式、高成长性、上市准备充分，这是吉峰农机成功上市的法宝，也是其他欲上市企业值得借鉴的宝贵经验。

第四节
硅宝科技：行业中的第一股

🏛 公司简介①

　　成都硅宝科技股份有限公司（股票代码：300019，以下简称"硅宝科技"）成立于1998年，地处中国有机硅工业的发源地——四川，主要从事有机硅室温胶，硅烷及专用设备的研究开发、生产销售。

　　硅宝科技于2009年10月在首批中国创业板上市，成为中国新材料行业第一家、四川省第一家创业板上市公司；"硅宝"商标于2012年被国家工商总局认定为"中国驰名商标"，硅宝科技是有机硅室温胶行业唯一一家获此殊荣的企业。作为国家级高新技术企业、国家火炬计划重点高新技术企业，硅宝科技承担并完成了多项国家及省市重点科技攻关及技术创新计划项目，取得一批产业化成果，技术经济实力处于国内同行业领先地位，荣获"中国化工行业技术创新示范企业"及四川省"创新型试点企业"称号。所处行业为化学原料及化学制品制造业，主营有机硅室温胶及制胶专用生产设备的研发生产、制造、销售。

　　硅宝科技是业内唯一一家集有机硅室温胶和制胶专用设备研发、生产

---

① 资料来源于成都硅宝科技股份有限公司网站 http://www.cnguibao.com。

和销售一体的企业，聚集了一大批行业顶尖技术专家、知名顾问团队，组建了由博士、硕士为主的青年研发团队，具有领先的产品研发、技术创新和技术服务能力。

硅宝科技产品广泛应用于建筑幕墙、中空玻璃、节能门窗、电力环保、电子电器、汽车制造、机场道桥、轨道交通、新能源、设备制造及工程服务等众多领域，不仅在国内赢得了良好口碑，而且远销欧盟，在国际市场上享有很高的知名度和美誉度。

硅宝科技秉承"对客户负责、对员工负责、对社会负责、对投资者负责"的管理理念，坚持"技术不断创新、品质精益求精、服务及时有效"的经营方针，积极扩大现有产品市场占有率，充分发挥募投项目产能。

2009 年 10 月 30 日，硅宝科技登陆创业板，成功融资 2.99 亿元人民币。

📓 上市概述

2009 年 9 月 23 日上午 10 时，硅宝科技的董事长王跃林在完成过会答辩后从里面走了出来，随后在身边的一把椅子上重重坐了下来。想起答辩时的情景，王跃林依然对证监会的座位安排耿耿于怀，他认为自己刚才在过会答辩时发挥得很不好主要是因为背对着时钟，所以不能更好地把握时间。想了想，他嘴里还是忍不住嘟囔："6 个问题我只回答了 5 个，最后连一些'拉票'的话都没来得及说。而且，他们问的问题和我的理解还不一致。"说完，王跃林有些无奈地叹了一口气。

下午 1 时，证监会正式通知硅宝科技过会。听到这个消息，旁边的董秘郭斌已经哭了起来，而为登陆资本市场已经足足等了 10 年的王跃林却说了一句："这三个小时，可真是我这一生中最难忘、最痛苦的等待！"

靠 50 万元起家

硅宝科技的主营业务就是有机硅室温胶。不过，说起有机硅，很多人也许不一定清楚它的具体用途。其实，有机硅在生活中随处可见。譬如，家里用的高压锅圈、泳镜、密封车灯……这些都是硅橡胶最普通的用途。

因为具有防水、耐高温和无毒的特点，有机硅室温胶被广泛运用在建筑和工业领域。如今，奥运会场馆鸟巢、三峡工程、酒泉卫星发射基地的机场跑道，都可以见到硅宝科技产品的身影。

而在十余年前，我国有机硅室内胶产业的光景则完全是另一番景象。

时光回到 1998 年，时年 34 岁的王有治年富力强，工程师当得得心应手。可是，他却变得"不安分"起来——他从自己从事的有机硅行业中嗅到了商机。

20 世纪 50 年代起源于欧美等地的有机硅在 20 世纪 70 年代被引进我国。1994 年以后，广东等沿海城市已经出现密封胶企业，但是有机硅行业的老大却一直是通用电气公司、道康宁等外资企业，生产设备卖得比国内企业贵了 3—4 倍。

而四川是中国有机硅材料工业的发源地。多年前，王有治曾出任成都有机硅研究中心工程师，早已是有机硅行业中的专家。

1998 年 10 月 19 日，靠着 50 万元的注册资本，王有治与原成都有机硅研究中心的几个同事开始了硅宝科技的创业之旅。

公司成立后，仅有的几个人，什么事都要亲历亲为。每个人既是销售员，又是管账的，更是产品研发者。原本都是搞技术出身的几个创业者，最后竟变成十八般武艺，几乎样样都会了。

王有治则时常开着一辆陈旧的大货车亲自给客户上门送货，而加班更是家常便饭。在炎热的夏天，为了研发一款新产品，王有治往往赤膊上阵，通宵达旦地工作。在车间里检查生产的各个环节，王有治更是事无巨细，遇到工人无法胜任的操作环节时，还手把手地教会工人。

舍不得 2 万元买叉车

由于创业者们清一色的都是搞技术出身，对市场经济的"脉"把得不是很准，对募资贷款、吸引风投等更是没有经验，因此，在创业初期硅宝科技的发展之路走得异常艰难。

1999 年，公司运转开始有起色了，企业产能也开始提升。这一天，硅宝科技接到了一个较大的订单，这时，卸货专用的叉车开始成为大家工作时的必需品。于是，王有治就跑到市场上转了一圈。这一看，王有治更是感觉到痛苦不堪。因为，一个新叉车要卖两万多元。思考良久，在市场又转了几圈后，王有治还是舍不得花这笔钱。

不巧的是，就在当天，硅宝科技进了一批包装特别大的货，每个包装一吨重，总重量足足有十几吨。

面对眼前堆积如山的货物，王有治和公司的其他十几名员工一下子就愣住了。

但吃完晚饭后，十几个人就开始甩开膀子干。一直到第二天早上，货终于被卸完了，而人也累得躺在地上一动也不能动了。

脱离市场都是空谈

针对不同环境和需求提供相应服务的能力是生产室温硅橡胶的企业维持高毛利的保证。硅宝科技前期积累的技术优势和人才储备优势为企业的服务能力提供了保障。2001 年下半年，国内有机硅市场急剧放大，国家相关的认证机构与国家标准相继出台。自此，硅宝科技开始转型为自主生产高端产品的企业。

2005 年，当硅宝科技在进行第六次增资扩股时，王有治请来了昔日的同事王跃林。与硅宝科技的创业者们一样，王跃林同样是做研发出身，并且拥有多项技术专利，是个在行业内拥有相当知名度和影响力的人物。王跃林的经历也对硅宝科技的发展产生了一定程度的影响。

王跃林曾长期在沿海工作，接触资本市场比较早。在他看来，企业要想进一步做大做强，获得跳跃式发展，技术和市场的结合是必然选择。而每当他对自己进行评价时，他总会说自己是一个"想创造历史的人"。但这个"想创造历史的人"在资本市场上，却一直未能如愿。

1999 年，王跃林尝试推动一家名叫广州白云粘胶厂的国有企业进行改制，准备赴中小板上市。然而，最终的结果却是"出师未捷身先死"，在粘胶厂的改制尚未完成之时，王跃林就已经被免职了。

不过，铩羽而归的王跃林对资本市场的追逐并没有从此结束。自进入硅宝科技的第一天起，他的上市梦又开启了。

2005 年，王跃林分两次共投入 360 万元，成为硅宝科技的最大股东，并担任董事长。从某种程度上来说，王跃林此前积累的有关上市的经验教训，对于硅宝科技同样是一笔宝贵的财富。

同时，在经过一年多的谈判后，硅宝科技在 2005 年终于拿下了一家欧洲公司 1800 万元的订单。于是，在股东座谈会上，硅宝科技的大股东们有了上市的想法。

几年创业下来，硅宝科技的发展还算比较顺利，但是资金一直是个需要解决的问题。另外，硅宝科技也逐步认识到，开发的产品如果不被市场认可，就是空中楼阁，没有任何意义。当技术、市场、资本结合在一起，硅宝科技不但可以建立一个更好更有效的资本平台，还可以更加规范企业的管理。

另外，作为一个西部民营企业，因为受地理位置的制约，很多原材料需要从外地运进四川，然后再卖到外面去，硅宝科技在竞争时并不占优势。因此，硅宝科技虽然在几年间获得了飞速发展，但总体规模在行业内依然滞后。如何迅速提升企业运作规模和竞争实力，王跃林觉得，上市可以实现跨越式发展。

借力奥运，树品牌形象

这时，北京奥运会的脚步越来越近，而硅宝科技也迎来发展的转折点。去竞标奥运工程，硅宝科技想得很简单，毕竟无论是什么工程，硅胶都是必不可少的基础原材料。既然公司生产的密封胶产品质量过硬，为什么不借力奥运工程来向外界证明自身实力呢?

不过，由于奥运工程是全球招标，硅宝科技的对手是赫赫有名的美国道康宁、通用电气公司、瑞士西卡等跨国公司。因此，横亘在硅宝科技面前的困难并不小。

2007 年，凭借过硬的产品质量和相对较低的供货价格，硅宝科技最终顺利拿下奥运工程。

从 2007 年开始，硅宝科技的有机硅密封胶开始运用在水立方、奥运棒球馆、曲棍球馆、青岛奥帆中心、沈阳奥林匹克体育馆、天津奥运会主场馆等建筑上。当局面打开、有一定知名度后，借着造奥运工程的"尚方宝剑"，硅宝科技又顺利打开上海、广州、武汉等地市场，并开始向海外市场进军。

在奥运工程之后，硅宝科技品牌效应得到迅速提升，外地市场也相应扩大。

2007 年 4 月，硅宝科技开始与上市涉及的相关部门与中介机构接触。2008 年 6 月，在公司发展 10 年之际，硅宝科技的注册资本从当初的 50 万元扩充到 3800 万元，并完成了股改。从这里，硅宝科技开始了新的腾飞。相对应的，硅宝科技的上市脚步也更快了。

做出正确的选择

自公司成立以来，硅宝科技一直坚持利用自有资金滚动发展，并且很少贷款。2007 年、2008 年，不断有创投企业主动找到硅宝科技表示想要入资，但硅宝科技管理层权衡再三后谢绝了。对此，硅宝科技的考虑是，创投企业能帮助企业完善管理，帮助企业上市，临时解决资金问题，但硅宝科技的管理层几乎都是硕士与博士毕业的行业内专家，有明确的未来愿景，所以不愿意别人进来更多地涉足公司的事务。

2009 年，当创业板开板的日子日益临近，硅宝科技已成为国内唯一一家集有机硅室温胶生产、研发和制胶专用生产设备制造于一身的企业，其产品广泛应用于建筑门窗幕墙、节能环保、电子电力、汽车制造等多个领域。

当创业板开板的消息传来，一开始本来想要冲击中小板的硅宝科技犹豫了。在重新审视企业自身的特点后，硅宝科技最终决定改上创业板。登陆创业板具体事宜，则由王跃林具体负责。

7月20日，证监会发布创业板文件。7月26日，当证监会要求欲上市企业报材料时，早有准备的硅宝科技已经把所有资料全准备好了。

硅宝科技股权结构简单明晰，无一家风投机构，规避了发审委对公司利益输送的疑问。另外，由于主营业务突出，是创业板首批28家上市公司中唯一的新材料企业，而且在回复创业板发审委反馈意见时要比四川其他申报企业快几天。

10月15日，硅宝科技IPO申请获证监会批准，成为首家过会的四川企业，首批上市的28家创业板企业之一。

10月30日，6个月前总资产仅为1.47亿元的硅宝科技募得资金2.99亿元，总资产也随之翻番。

☕ 启示录

有机硅室温胶在硅宝科技具有"高新"含金量，其在建筑行业的应用最为广泛。而在电力、汽车、航空航天等领域，因为对有机硅室温胶的技术要求较高，目前我国主要依靠进口或在华外资企业的产品。

就行业成长性来说，硅宝科技所处的硅胶行业，其成长性较高，属于我国创业板重点支持的"两高六新"行业之一。不仅如此，硅宝科技还是少数能提供高端产品的内资企业之一，技术门槛较高。这一切，使得硅宝科技在登陆创业板时手中所握筹码增加了不少。

而具体负责企业上市事宜的董事长王跃林，这个"想创造历史的人"，他在硅宝科技成功登陆创业板的路上是一个不能忽视的因素。

王跃林曾尝试推动一家企业赴中小板上市。虽最终未能如愿，但收获了有关上市的宝贵的经验教训。对于硅宝科技来说，这同样是一笔难得的宝贵财富。

另外，当创业板开板的消息传来，本想冲击中小板的硅宝科技在重新审视企业自身的特点后迅速转向创业板。这不可谓不是一个明智的选择。

因此，准备充分、主营业务突出、股权结构简单明晰的硅宝科技成为创业板首批 28 家上市公司中唯一的新材料企业也在情理之中。

第三部分
创业板上市流程与标准

　　世界在变，中国在变，创业板也在变。然而，只有真正掌握了创业板的上市流程与标准，才是成功登陆创业板的核心。

Chapter8

第八章

创业板上市概述

第一节
创业板上市决策

　　创业板属于您吗？要确定这个问题，企业首先要进行上市决策。所谓创业板上市决策，是指企业在综合考虑分析企业自身发展情况及外部环境之后，根据分析得出的结果，作出的是否要上市、什么时间上市以及是否在创业板上市的决定。

　　对于欲上市企业来说，上市决策是一个综合问题。企业要根据自身所处的生命周期、目前的发展状况、经济环境以及企业的战略目标等自身的因素，并结合证券市场的筹资环境、投资者的投资方式和投资理念、对股利分配政策要求、证券监管和控制以及退市标准等方面的情况进行考虑，最终作出相应的上市决策规划。

一、企业为什么要上市

　　简单地说，一个企业若能善于利用证券市场，利用资本杠杆，可以得到以下几方面好处：

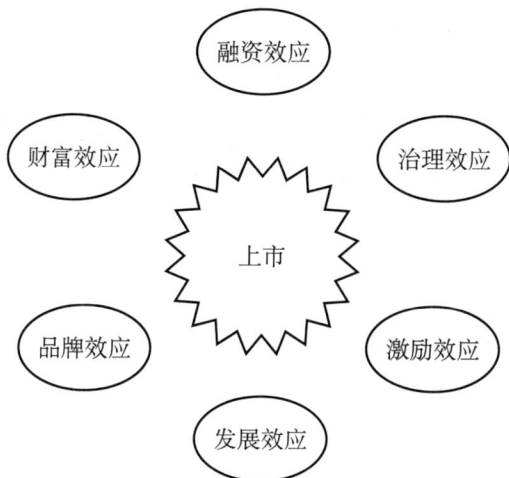

图 8-1 上市的好处

1. 融资效应

上市为企业建立了直接融资的平台，有利于企业改进资本结构，提高企业自身抗风险的能力，增强企业的发展后劲。

上市直接融资的优势：（1）资金可以长期使用，不用还本付息，成为企业经营长期的资金来源；（2）在发行市盈率高的情况下，发起人的融资成本较低；（3）降低企业的负债比例、优化资本结构、降低财务风险。

2. 财富效应

上市可以为创业者和投资者带来财富增值。自创业板开启以来，已创造了一批又一批的百万富翁、千万富翁，乃至亿万富翁。而良好的创业榜样和财富榜样，对我国经济发展同样有利。

3. 治理效应

上市有利于企业建立和完善现代企业经营管理制度，促进企业尽早形成更为强大的市场竞争力，从而达到不断完善公司治理结构、逐步提高企业运行质量的目标。

4. 品牌效应

企业能够上市是企业综合实力的最好体现。上市企业在进行证券交易的同时，等于在不间断地向公众进行广告宣传，尤其是其进行年报以及发布重大经营信息等行为时，各种媒体的不断报道无疑是一种不花钱的广告宣传。

5. 激励效应

上市能相应地带来荣誉感、责任感。另外，股权激励可以作为吸引人才、留住人才的重要途径。

6. 发展效应

上市有利于企业进行并购重组等资本运作，从而有利于企业不断扩大经营规模，增加竞争力，获取充足的发展后劲。

当然，上市首先需要付出一定的成本并面临可能有的管理风险。但对大部分企业来说，上市带来的好处远远大于为此付出的成本，因此，有志于发展壮大、满足了上市必须条件的企业，都应积极争取上市。

二、企业什么时候上市

是不是任何一家企业只要满足了上市的必需条件，便可以随时登陆创业板呢？答案是否定的。在正确时机上市的企业，与在不恰当的时机上市的企业，所达到的融资效果必然会出现很大的差距。那么，企业究竟应该选择什么样的时机上市呢？

1. 企业生命周期

登陆创业板的多为中小高科技企业和处于新兴行业高速发展的企业，这些企业具有显著的生命周期。生命周期是企业选择合适的上市时机的重要因素。

一般的高科技企业的生命周期分为：创业期、早期成长期、稳定成长期及成熟期四个阶段。一般说来，处于第三个阶段即成长期是企业上市的最佳时机。在稳定成长期，企业的市场空间大，收入增长迅速、利润经营现金流量已开始为正，增值潜力大。

2. 股市环境

平均发行市盈率较高，说明同样的收益和利润，可以更高的价格发行。从创业板创立 4 年的情况来看，截至 2014 年 6 月，创业板平均市盈率已近 60 倍。

3. 行业周期

（1）企业所处的行业也存在一个生命周期。一般来讲，处于扩张期的朝阳行业，上市所带来的规模效应、学习效应、客户锁定效应更加明显，因此也更适合上市，更容易获得发审通过。

（2）行业竞争因素。同一行业，先申报企业比较有利。

因此，企业可结合自身条件及外部条件判断最佳上市时机。

三、为什么选择创业板上市

我国的创业板市场在安全性、项目资源、行业结构、定位及监管等方面具有优势。与国外同类型市场相比，我国创业板市场对上市企业有一定的盈利要求，门槛比较高，这是吸取了国外很多创业板失败的教训以后最终平衡的一个结果，可保证企业在前期风险上得到控制，安全性更高。

具体而言，选择创业板上市的主要原因包括几点。

1. 发行价格优势

创业板的平均市盈率已近 60 倍。

2. 创业板有明显的行业结构优势

与有些国外的同类型市场偏好新能源或消费品等个别行业不同，我国的创业板强调的是创新、高增长，并没有过分强调哪个行业，可以说是全行业的。

3. 上市效应优势

创业板开板四年多以来，其广告效应、舆论聚焦、每日行情显示、股评、机构投资者的调研分析，可以增强企业产品在市场上的影响力，具备良好的品牌效应。

4. 文化制度优势

创业板属于本土市场，企业与股东、潜在投资者、分析师、媒体、监管机构交流充分，并具有地域、语言、文化优势。

5. 政策导向优势

企业到创业板上市受到地方政府、中国证监会的大力支持。

正所谓"知己知彼，百战不殆"。谁掌握的信息越多，谁决胜资本市场的几率就越大。

第二节
创业板上市重点产业简介

自 2009 年 10 月 23 日创业板顺利推出后，企业申报积极，投资者参与踊跃，积极效应初步显现。截至 2014 年 8 月 21 日，已有 387 家企业在创业板公开发行，创业板公司总市值 19793.37 亿元。

从 387 家公司的行业分布看，大都属于新能源、新材料、生物医药、节能环保、现代服务业、现代农业、文化教育传媒、先进制造业等行业或领域的企业，总体上体现了创业板支持创新型企业和成长性企业发展的市场定位。下面，我们将对创业板重点支持的产业类型进行一一介绍。

1. 新能源

新能源一般都直接或间接地来自于太阳或地球内部深处所产生的热能或地理现象。相对于传统能源，新能源普遍具有污染少、储量大、需要较高的开发技术和资金投入等特点。

目前，世界上较为公认的新能源包括太阳能、风能、生物能、地热能、水能、核能和海洋能，以及由可再生能源衍生出来的生物燃料和氢所产生的能量。

2. 新材料

新材料是指那些新出现或已在发展中的、具有传统材料所不具备的优异性能和特殊功能的材料。

与传统材料相比，新材料具有高性能、多功能和智能化等特点，从而使产品成本降低、寿命延长、附加值提高、竞争力加强。但新材料与传统材料之间没有截然的分界，新材料在传统材料基础上发展而成，传统材料经过组成、结构、设计和工艺上的改进从而提高材料性能或出现新的性能都可发展成为新材料。

全球新材料产业分为电子信息材料、稀土新材料、金属材料、先进陶瓷材料、高分子材料、先进复合材料、生物医用材料、超导材料和纳米材料九大类。作为高新技术的基础和先导，新材料的应用范围极其广泛，与信息技术、生物技术一起成为 21 世纪最重要和最具发展潜力的领域。

3. 生物制药

曾有人称医药行业为永远的朝阳行业。我国的生物制药行业在医药行业中是与国际接轨最为紧密的子行业，与发达国家的科研发展差距只有几年。生物制药按照药品类型可以分为血液制品、体外诊断试剂、疫苗，以及其他生物工程产品等行业。

由于国家对体外诊断试剂行业、疫苗行业，以及其他生物创新药物的大力扶持，医药行业市场潜力巨大。在未来几年，这些行业的增长率将保持在 30%~40%。

4. 电子信息

按照中国证券监督管理委员会的行业分类，电子和信息技术属于两个单独的分类。信息技术属于第一级分类，下面的二级子类包括通信设备制造业、计算机及相关设备制造业、通信服务业、计算机应用服务业。电子属于制造行业中的二级子类，下面又包括电子元器件制造业、日用电子器具制造业、其他电子设备制造业、电子设备修理业。

5. 节能环保

节能是我国经济转型的重要突破口，发展空间巨大。

中国目前的经济发展模式对基础能源有着巨大的需求和依赖，而中国自身的能源禀赋不足以支撑这种模式高速发展，并且这种长期高能耗、高污染的粗放型增长给资源和环境都带来了巨大压力。由此看出，中国现有的经济发展模式已经受到严峻的挑战，转型成为资源节约型、环境友好型的经济增长模式是中国经济在未来继续保持高速增长的必由之路。节能产业就是我国经济转型的重要突破口。

6. 现代服务

第一是商业连锁，如连锁经济型酒店和连锁中餐店，形成连锁和复制的形式，企业才有重新创造价值的能力，才可能成为世界级服务性企业。

第二是高技术和服务业的结合，比如现代物流业、电子化技术和传统货物运输结合，改造原有的物流状态。

第三是服务外包，包括 IT 服务外包、金融服务、配餐公司等。创业板主要支持"中国创造"类企业。"中国创造"要具有"三高两低"的特征，即研发投入的比例、研发人员的数量、无形资产占整个资产的比重要高于同行业；产值相比其他企业耗费低、污染低。要高度专业化，高度细分化，能够把一个技术领域、一个产品做到精深透彻，能够在关键领域、关键环节实现关键创新。

第三节
创业板上市企业的重要指标

改革开放三十多年来，中小企业已经成为我国经济发展中的一支重要力量，成为我国经济体系中最具活力和增长潜力的因素之一，但融资不畅的难题一直困扰着中小企业的发展。

时至今日，提高自主创新能力、建设创新型国家已成为我国推进经济结构调整和经济又好又快发展的主导力量，成为提高我国国际竞争力和综合国力的关键。

因此，创业板的重要使命是支持创业企业发展、落实自主创新战略。同时，这也是企业能否登录创业板的重要指标，企业必须明确创业板对自主创新的具体要求。

创业板支持国家自主创新，主要从 IPO 几项标准表现出来。第一，发行人应当主要经营一个业务；第二，为了充分考虑自主创新企业的特殊状况，创业板市场设计了两套上市指标，设置了更加灵活的定量指标；第三，放宽了对无形资产占比的控制，以前无形资产占比不能超过 20%，创业板设立后，可以超过 20%；第四，专门设置了创业板的发行审核委员会。

自 2009 年 10 月开板至今，通过资本市场的示范效应，拉动民间投资，对推动经济结构的转型和产业结构升级，更好地发挥资本市场在资源配置中的基础性功能，创业板已成为落实自主创新国家战略及支持处于成长期的创业企业的重要平台。

一、如何评价创业企业的自主创新能力

对创业板公司自主创新能力的评价应该从自主创新的内涵、特征和应用领域出发，综合动态地分析和评估影响企业自主创新能力的内外部相关因素，并对自主创新的持续性、稳定性和产业化风险做出评估、判断和提示。

1. 明确自主创新的定义

自主创新是相对于技术引进、模仿而言的一种创造活动，是指通过拥有自主知识产权的独特的核心技术以及在此基础上实现新产品的价值的过程。就一般情况而言，自主创新包括原始创新、集成创新和二次创新，如图 8-2 所示。

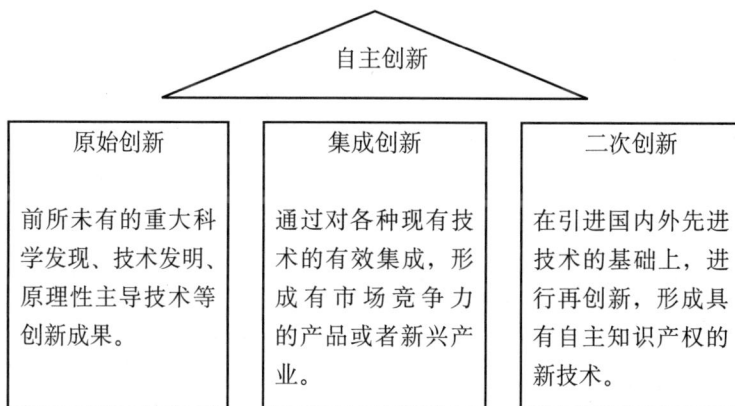

图 8-2 企业自主创新要素

企业自主创新的内容不仅仅指拥有自主知识产权，还应包括积极参与国际合作，充分利用他国的科技成果，引进与合作，把自主创新建立在他国已有创新的基础上。

2. 明确自主创新的应用领域

创新理论发展至今，对于创新类型的划分比较统一的认识是创新领域已从传统的技术创新、产品创新、工艺创新延伸到管理创新、组织创新、制度创新、市场创新、盈利模式创新，这要根据创业板公司自身的经营特点判断其自主创新的应用领域。

自主创新的各个应用领域并不是相互独立的，大多数情况下是相互联系、互为适应的。在评价创业板公司自主创新的应用领域时要关注自主创新成果与企业经营管理相结合的具体应用情况和价值创造过程及对公司经营状况和未来发展前景的影响。

3. 对自主创新的模式进行分析

根据国内外对于创新理论和自主创新的理解和认识，自主创新根据其内在动因可以区分为技术推动型、市场拉动型、联合驱动型、竞争对手驱动型、持续竞争战略驱动型等，如图 8-3 所示。

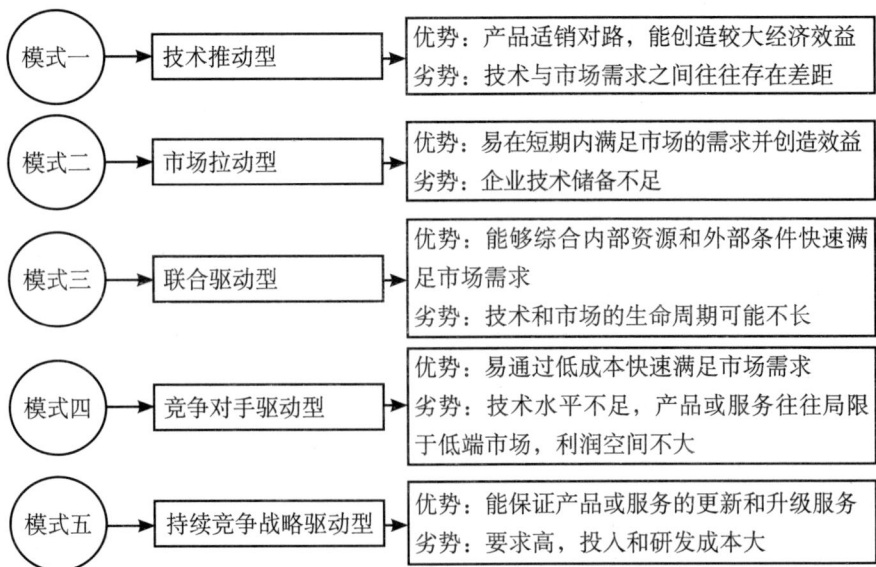

模式一 → 技术推动型	优势：产品适销对路，能创造较大经济效益 劣势：技术与市场需求之间往往存在差距
模式二 → 市场拉动型	优势：易在短期内满足市场的需求并创造效益 劣势：企业技术储备不足
模式三 → 联合驱动型	优势：能够综合内部资源和外部条件快速满足市场需求 劣势：技术和市场的生命周期可能不长
模式四 → 竞争对手驱动型	优势：易通过低成本快速满足市场需求 劣势：技术水平不足，产品或服务往往局限于低端市场，利润空间不大
模式五 → 持续竞争战略驱动型	优势：能保证产品或服务的更新和升级服务 劣势：要求高，投入和研发成本大

图 8-3　自主创新模式

4. 形成自主创新能力评价体系

首先，对影响企业自主创新能力的内外部因素进行定量定性分析，以形成自主创新能力评价体系，首先就要对影响企业自主创新能力的外部因素进行分析。影响企业自主创新能力的外部因素主要有行业状况与发展趋势、竞争、模仿与替代、国家政策法规导向、区位优势、外部资源等，如图 8-4 所示。

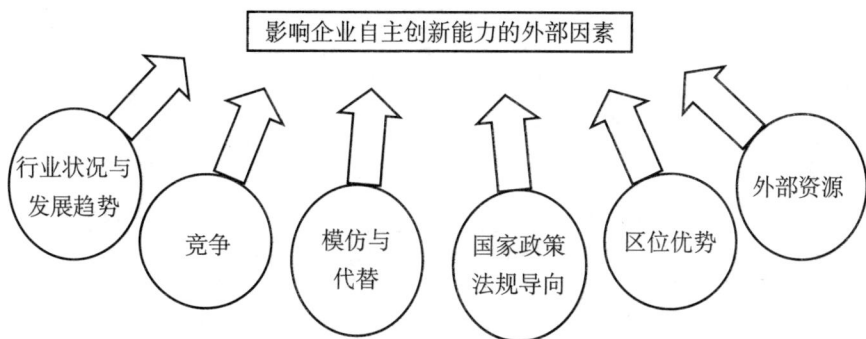

图 8-4　影响企业自主创新的外部因素

其次，对影响企业自主创新能力的内部因素进行分析。就企业内部的创新过程而言，企业创新的过程可分为六个阶段，即发现机会、提出构想、研究开发、试生产、批量生产、营销出售。在这一创新过程中，创新能力可以分解为以创新决策为核心的创新投入能力、创新研发能力、创新生产能力、创新营销能力和创新管理能力，其中对大部分能力是可以定量分析的。

5. 评价自主创新能力的产业化、稳定性和持续性的风险

自主创新具有风险性，要结合产品或服务的生命周期、市场接受程度、企业在产业链的位置及受上下游产业影响的情况、替代、模仿与竞争等因素分析企业自主创新的产业化风险及稳定性和持续性的风险，对公司投资价值判断有重大影响的还需要对投资者做出特别提示。

二、企业自主创新能力的评判参考标准

根据《国家自主创新产品认定管理办法（试行）》规定，自主创新产品认定工作遵循公开、公正、公平、科学的原则。

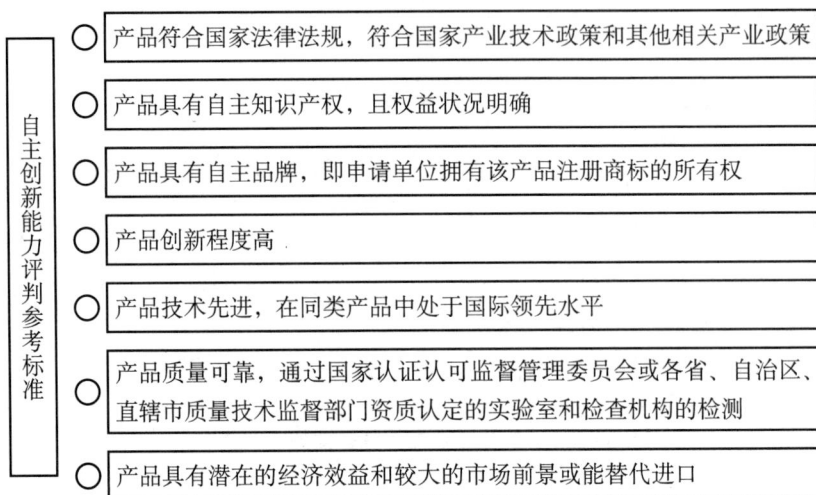

图 8-5　申请认定的国家自主创新产品需具备条件

经认定的国家自主创新产品将在政府采购、国家重大工程采购等财政性资金采购中优先购买，并在高新技术企业认定、促进科技成果转化和相关产业化政策中给予重点支持，以引导全社会支持自主创新产品的发展。

Chapter9

第九章

创业板规则解读

第一节
创业板与主板的区别

截至 2014 年 10 月，创业板已经走过了五年多的发展历程，但创业板始终不可能成为主板，无论是上市条件，还是服务对象等，两者之间有着很大的区别。

一、创业板与主板上市条件区别

作为一种补偿的手段，我国在 2004 年开设了为中小企业服务的中小板。实际上，若仔细研究中小板发行上市的办法，我们会发现，其实中小板和主板发行上市的条件是一样的。在此，我们主要对创业板与主板的上市条件进行对比。

表 9-1　创业板与主板上市条件对比

条件	创业板	主板
主体资格	两者标准一样，均要求：依法设立且合法存续的股份有限公司	
经营年限	两者标准一样，均要求：持续经营时间应当在三年以上（有限公司按原账面净资产值折股整体变更为股份公司可连续计算）	

续表

条件	创业板	主板
盈利要求	标准一，最近两年连续盈利，最近两年净利润累计不少于人民币1000万元，且持续增长。净利润以扣除非经常性损益前后孰低者为计算依据； 标准二，最近一年盈利，且净利润不少于人民币500万元，最近一年营业收入不少于人民币5000万元，最近两年营业收入增长率均不低于30%。净利润以扣除非经常性损益前后孰低者为计算依据	①最近三个会计年度净利润均为正数且累计超过人民币3000万元，净利润以扣除非经常性损益前后较低者为计算依据 ②最近3个会计年度经营活动产生的现金流量净额累计超过人民币5000万元；或者最近3个会计年度营业收入累计超过人民币3亿元 ③最近一期不存在未弥补亏损
资产要求	①近一期末净资产不少于人民币2000万元 ②最近一期无性资产占净资产的比例未作要求	最近一期末无形资产（扣除土地使用权、水面养殖权和采矿权等后）占净资产的比例不高于20%
股本要求	企业发行后的股本总额不少于人民币3000万元人民币	发行前股本总额不少于3000万元人民币
主营业务要求	最近两年内主营业务没有发生重大变化，发行人应当主营业务突出	最近三年内主营业务没有发生重大变化
董事及管理层	最近两年内未发生重大变化	最近三年内无重大变化
公司管理	具有完善的公司治理结构，依法建立健全股东大会、董事会、监事会以及独立董事、董事会秘书、审计委员会制度，相关机构和人员能够依法履行职责	①董事会下设战略、审计、薪酬委员会，各委员会至少指定一名独立董事会成员担任委员 ②至少1/3的董事会成员为独立董事
同业竞争	两者标准一样，均要求：发行人的业务与控股股东、实际控制人及其控制的其他企业间不得有同业竞争	
关联交易	不得有严重影响公司独立性或者显失公允的关联交易	不得有显失公平的关联交易，关联交易价格公允，不存在通过关联交易操纵利润的情形

条件	创业板	主板
成长性与创新能力	①发行人具有较高的成长性 ②具有一定的自主创新能力，在科技创新、制度创新、管理创新等方面具有较强的竞争优势（具体请参考"两高六新"）	无
募集资金用途	两者标准一样，均要求：用于主营业务	
限制行为	①发行人的经营模式、产品或服务的品种结构已经或者将发生重大变化，并对发行人的持续盈利能力构成重大不利影响 ②发行人的行业地位或发行人所处行业的经营环境已经或者将发生重大变化，并对发行人的持续盈利能力构成重大不利影响 ③发行人在用的商标、专利、专有技术以及特许经营权等重要资产或者技术的取得或者使用存在重大不利变化的风险 ④发行人最近一年的营业收入或净利润对关联方或者有重大不确定性的客户存在重大依赖 ⑤发行人最近一年的净利润主要来自合并财务报表范围以外的投资收益。 ⑥其他可能对发行人持续盈利能力构成重大不利影响的情形	①发行人的经营模式、产品或服务的品种结构已经或者将发生重大变化，并对发行人的持续盈利能力构成重大不利影响 ②发行人的行业地位或发行人所处行业的经营环境已经或者将发生重大变化，并对发行人的持续盈利能力构成重大不利影响 ③发行人最近一个会计年度的营业收入或净利润对关联方或者存在重大不确定性的客户存在重大依赖 ④发行人最近一个会计年度的净利润主要来自合并财务报表范围以外的投资收益 ⑤发行人在用的商标、专利、专有技术以及特许经营权等重要资产或技术的取得或者使用存在重大不利变化的风险 ⑥其他可能对发行人持续盈利能力构成重大不利影响的情形
违法行为	两者标准一样，均要求：最近3年内无重大违法行为	
发审委	设创业板发行审核委员会，不少于35人；原则上不得兼任主板发审委委员	设主板发行审核委员会，成员人数为25人
咨询委员会	设创业板咨询委员会，人数为35人，由交易所聘任	无

续表

条件	创业板	主板
初审征求意见	无	征求省级人民政府、国家发改委意见
保荐人持续督导	在发行人上市后三个会计年度内履行持续督导责任	①首次公开发行股票的，持续督导的期间为证券上市当年剩余时间及其后两个完整会计年度 ②上市公司发行新股、可转换公司债券的，持续督导的期间为证券上市当年剩余时间及其后两个完整会计年度 ③持续督导的期间自证券上市之日起计算
创业板其他要求	①发行人的经营成果对税收优惠不存在严重依赖 ②在公司治理方面参照主板上市公司从严要求，要求董事会下设审计委员会，并强化独立董事履职和控股股东责任 ③要求保荐人对公司成长性、自主创新能力作尽职调查和审慎判断，并出具专项意见 ④要求发行人的控股股东对招股说明书签署确认意见 ⑤要求发行人在招股说明书显要位置做出风险提示，内容为"本次股票发行后拟在创业板市场上市，该市场具有较高的投资风险。创业板公司具有业绩不稳定、经营风险高等特点，投资者面临较大的市场波动风险，投资者应充分了解创业板市场的投资风险及本公司所披露的风险因素，审慎做出投资决定" ⑥不要求发行人编制招股说明书摘要	

二、创业板与主板其他区别

创业板与主板之间除了上市条件不同之外，在其他地方也存在诸多不同，如股票出售、信息披露、委托关系、估值风险等，其中最大的区别主要体现在几个方面。

1. 服务对象不同

创业板设立的主要目的非常明确，在《暂行办法》第一条中就开宗明义地说明，创业板是为了"促进自主创新企业及其他成长型创业企业的发展"而设立，主板市场则服务于成熟类型的、在国民经济中占主导地位的企业。

另外，主板市场一般都是服务全国范围内的、有经济影响力的企业，对局部区域关注不够，而创业板将关注并支持区域经济协调发展，鼓励区域优势企业的发展。

2. 信息披露要求不同

在创业板上市企业规模小、成立存在时间短、业绩较不稳定，因此存在较大人为操作空间。为防止风险处于无序状态，创业板强调以充分信息披露为核心，强化市场约束，较之于主板市场，创业板的信息披露要求更为严格。

3. 保荐人责任不同

由于创业板上市企业的不确定性超过主板上市企业，创业板强化了保荐人的尽职调查和审慎推荐义务，对创业板企业的保荐期限要比主板上市企业增加一年。

4．审核机制不同

因为服务的企业类型不同，创业板与主板对上市企业的发行上市的要求也不同。证监会特别为创业板设立了完全区别且独立于主板市场的发审委。

5．退市规则不同

这一点将在本章第二节中进行详细论述。

第二节
创业板规则体系构成

为适应多层次资本市场建设的需要，我国出台了一系列涉及创业板的法律法规，总结起来大致可以分为三个层次：第一，全国人大修改完成的证券市场的根本大法《中华人民共和国证券法》（以下简称《证券法》）、《中华人民共和国公司法》（以下简称《公司法》）、《证券投资基金法》，以及《刑法》；第二，由国务院制定、颁布的行政法规；第三，由深交所及相关部门制定的部门规章。

以下为创业板规则体系的大体框架：

表 9-2　创业板的规则体系

公布/修订时间	名称	公布单位	生效/实行日期
2004/08/28	《中华人民共和国证券法》	第十届全国人大常务委员会	2006/01/01
2005/10/27	《中华人民共和国公司法》	第十届全国人大常务委员会	2006/01/01
2009/03/31	《首次公开发行股票并在创业板上市管理暂行办法》	中国证监会	2009/05/14
2009/05/13	《关于修改〈证券发行上市保荐业务管理办法〉的决定》	中国证监会	2009/06/14

续表

公布/修订时间	名称	公布单位	生效/实行日期
2009/06/05	《创业板股票上市规则》	深圳证券交易所	2009/07/01
2009/06/08	《创业板投资者适当性管理暂行规定》	中国证监会	2009/07/15
2009/07/20	《公开发行证券的公司信息披露内容与格式准则第28号——创业板公司招股说明书》	中国证监会	2009/07/20
2009/07/20	《公开发行证券的公司信息披露内容与格式准则第29号——首次公开发行股票并在创业板上市申请文件》	中国证监会	2009/07/20
2006/09/11	《证券发行与承销管理办法》	中国证监会	2006/09/19
2009/06/10	《关于进一步改革和完善新股发行体制的指导意见》	中国证监会	2009/06/11
2012/04/20	《深圳证券交易所创业板股票上市规则》	深圳证券交易所	2012/05/01

事实上，作为多层次资本市场体系的有机组成部分，创业板与其他市场相比，有其特殊性，也有共同性。

创业板规则体系设计的出发点是资本市场"优化资源配置"的基本功能。在此，优化资源配置具有两个方面的含义，一方面使宝贵的资本市场资金流至生产成本低、生产效率高的企业，另一方面也给投资者提供风险与投资收益相匹配的产品。创业板就是要发挥"优化资源配置"基本功能，此项理念也贯穿整个资本市场的发展路径。

另外，与主板市场一样，创业板投资的是上市公司未来的收益，所不同的是，创业板上市公司的未来收益具有不确定性。相对应地，创业板规则体系在设计时要求更为充分的信息披露，坚持以充分信息披露为核心的监管原则。为提高信息的有效性、真实性和公平性，创业板上市规则增加了一些主板没有的信息披露指标，比如公司核心技术人员离职、核心技术发生变化等情况要及时披露。

此外，上市规则也强调上市公司要建立并维护好公司网站，向投资者提供真实信息。

在以下部分，我们将对部分有关创业板的法律法规做简要的介绍。

一、相关法律法规

创业板各种规则均标明："根据《证券法》与《公司法》制定本办法"。因此，《公司法》与《证券法》是创业板建设的根本大法。2006年，全国人大完成了对《公司法》和《证券法》的修订，为创业板的创立预留了空间。"两法"不但降低了发行和上市条件，同时还对股权激励、无形资产出资折股等做出了比较宽松的规定，为设立创业板奠定了法律基础。

1.《公司法》

《公司法》共十三章二百一十九条，确立了我国公司的法律地位及其设立、组织、运行和终止等过程的基本法律准则。其调整范围包括股份有限公司和有限责任公司，其核心主旨是要保护公司、股东和债权人的合法权益，维护社会经济秩序。

2.《证券法》

《证券法》共十二章，其调整范围涵盖在中国境内的股票、公司债券和国务院依法认定的其他证券的发行、交易和监管，其核心是保护投资者的合法权益，维护社会经济秩序和社会公共利益。

二、相关部门规章

1.《首次公开发行股票并在创业板上市管理办法》（以下简称《管理办法》）

2014年5月14日，中国证监会公布并正式施行《管理办法》，明确了企业首次公开发行股票并在创业板上市的基本条件，企业进行信息披露的基本要求，构建了创业板市场准入制度的基本框架。这是创业板独有的规则，共六章五十七条，分别是总则、发行条件、发行程序、信息披露、监督管理和法律责任。

企业在创业板上市比在主板上市的条件较为宽裕，但其中的一些硬性规则还是需要注意。

（1）发行条件。

第一是发行人应当具备一定的盈利能力。为适应不同类型企业的融资需要，创业板对发行人设置了两项定量业绩指标，以便发行申请人选择：第一项指标要求发行人最近两年连续盈利，最近两年净利润累计不少于1000万元，且持续增长；第二项指标要求最近一年盈利且净利润不少于500万元、营业收入不少于5000万元。

第二是发行人应当具有一定规模和存续时间。《管理办法》规定，发行人需具备一定的资产规模，最近一期末净资产不少于2000万元，发行后股本不少于3000万元。另外，发行人应当是依法设立且持续经营三年以上的股份有限公司。有限责任公司按原账面净资产值折股整体变更为股份有限公司的，持续经营时间可以从有限责任公司成立之日起计算。

第三是发行人应当主营业务突出。创业企业规模小，且处于成长发展阶段，如果业务范围分散，缺乏核心业务，既不利于有效控制风险，也不利于形成核心竞争力。

第四是对发行人公司治理从严要求。根据创业板公司特点，在公司治理方面参照主板上市公司从严要求，要求董事会下设审计委员会，强化独立董事职责，并明确控股股东责任。

（2）加重保荐人责任。

创业板充分体现市场化原则，进一步发挥中介机构作用，加大市场约束。如强化保荐人的尽职调查和审慎推荐作用，要求保荐人出具发行人成长性专项意见；在持续督导方面，要求保荐人督促企业合规运作，真实、准确、完整、及时地披露信息，督导发行人持续履行各项承诺，并要求保荐人对发行人发布的定期公告撰写跟踪报告。对于创业板公司的保荐期限，相对于主板做了适当延长。

（3）专门设置创业板发行审核委员会。

考虑到创业企业规模小、风险大、创新特点强，在发行审核委员会设置上，专门设置创业板发行审核委员会。创业板发审委人数较主板发审委适当增加，并加大行业专家委员的比例，委员与主板发审委委员、并购重组委委员不互相兼任。

（4）对发行人的董事、监事和高级管理人员有特殊限制。

该《管理办法》规定对在创业板上市的发行人的董事、监事以及高级管理人员不得存在以下情形：被中国证监会采取证券市场禁入措施尚在禁入期的；最近三年内受到中国证监会行政处罚，或者最近一年内受到证券交易所公开谴责的；因涉嫌犯罪被司法机关立案侦查或者涉嫌违法违规被中国证监会立案调查，尚未有明确结论意见的。

2.《中国证券监督管理委员会发行审核委员会管理办法》和《证券发行上市保荐业务管理办法》

2009 年 5 月 13 日，证监会对《中国证券监督管理委员会发行审核委员会管理办法》和《证券发行上市保荐业务管理办法》进行了修订。修订后的两部法规为发审和保荐工作制定了基本框架。

之所以采用修订的形式而非重新立法，主要是考虑创业板与主板市场在大多数发行审核和保荐工作上的一致性。而所作出的修订主要针对创业板上市公司规模小、成长性强、业务模式新、业绩不确定性大、经营风险高等特点作出，并以提高创业板上市公司质量、加强对其风险监管为原则。发审办法和保荐办法，是创业板发行规则的核心内容。

3.《深圳证券交易所创业板股票上市规则》

《深圳证券交易所创业板股票上市规则》（以下简称《创业板上市规则》）是创业板市场在交易所层面的核心操作规则。在借鉴海外创业板市场经验的基础之上，结合我国主板及中小板的实践，并针对创业板上市公司的特点，《创业板上市规则》于2012年进行了修订，对信息披露、退市制度、股份现售、保荐机构等问题进行了有针对性的制度设计。

（1）信息披露。

强化上市首日信息披露监管，防范新股上市首日爆炒风险。

此设计思路体现了资本市场的基本功能和基本特征，并突出了市场化约束。通过赋予保荐机构、会计师事务所等中介机构更多的权力，使其更好地发挥作用，通过市场的力量来督促上市公司规范运作，这是创业板上市规则的一个特点。

（2）退市规则。

退市规则的设立是创业板规则体系构建中不可或缺的一环，"只上不下"的资本运作体系是不完整、欠科学的。企业在实现创业板上市后，可能由于市场环境的变化，或者自身的原因不能实现持续经营，在残酷的市场竞争中败下阵来，直至无法达到在创业板市场上市交易的基本要求。为此类企业提供一个合理而有效的退出途径，不但能够保持上市资源的整体素质，更能为企业提供一个喘息并重整旗鼓的机会。

一般来说，退市规则包含两方面内容：首先，退市规则包括直接退市机制。直接退市条件实际上是对上市公司盈利状况、股价、交易规模等问题提出的最低要求。其次，退市规则包括间接退市机制。这主要是指创业板的转板机制，使企业能够更加平稳地退出创业板市场。我国多层次资本市场的构建已见雏形，各个市场之间的衔接、转换已经迫在眉睫。如果不能实现各层次市场之间的过渡，各个层次的市场仅仅是机械排列，而非有机运行，便无法形成多层次资本市场的合力，不能孕育资本运作链的推动、孵化、缓冲等机能。

与主板市场不同的是，创业板市场的上市公司在符合退市条件时将实行直接退市，而不必再进行转板。这种安排更为市场化，防范了市场利用壳资源炒作的风险。

（3）股份限售。

创业板上市规则对限售股份做出了不同于主板的规定。创业板的股份限售制度较好地考虑了公众投资者与创投之间的利益平衡，而且发起人股份需锁定三年，提交发行申请六个月之前的创投需要锁定十二个月，这有利于创业板市场的稳定。

（4）中介机构。

在创业板上市规则中，中介机构的职责与权力都得到进一步强化，这有助于通过市场化的管理来督促上市公司规范运作，同时也体现了市场化约束机制的作用。

通过赋予保荐机构、会计师事务所等中介机构更多的权力，使其更好地发挥作用；通过市场的力量来督促上市公司进行规范运作，这是创业板上市规则具有的一个特点。

例如，根据上市规则，如果上市公司财务会计报告被会计师事务所出具否定意见或无法表示意见的审计报告，上市公司则面临退市风险。此制度改变了审计师相对弱势的地位，使市场主体的意识和责任得到强化，是较为有力的监管手段。

长期以来，保荐机构对上市公司的持续督导缺乏有效手段，此次上市规则要求保荐机构对上市公司的临时报告发表意见，这有助于建立保荐机构与上市公司之间的沟通机制，有助于保荐机构更好地发挥督导作用。

第三节
创业板发行条件

无规矩不成方圆，尤其是在高收益、高风险的创业板市场。我国创业板借鉴海外创业板市场成功与失败的经验，对发行人的规范要求相对明确细致。概括起来，创业板的发行条件主要有几点。

一、主体资格要求

1. 发行人

（1）上市交易公司必须是依法设立的股份有限公司。

（2）必须持续经营 3 年以上。

2. 发行人财物标准

（1）最近两年连续盈利，净利润累计不得少于 1000 万元，且持续增长；或最近一年盈利，且净利润不得少于 500 万元，最近一年营业收入不少于 5000 万元。净利润以扣除非经常性损益前后孰低者为计算依据。

（2）发行前净资产不少于 2000 万元，且最近一期末不存在未弥补亏损。

（3）发行后股本总额不少于 3000 万元。

3．发行人资产要求

（1）发行人的注册资本必须已足额缴纳，发起人或股东用作出资的资产的财产权转移手续已办理完毕。

（2）发行人主要资产不存在重大权属纠纷。

4. 发行人主营业务要求

（1）发行人应当主要经营一种业务。

（2）发行人的生产经营活动符合法律、行政法规和公司章程规定，符合国家产业政策及环境保护政策。

5. 发行人经营连续性规定

（1）主营业务最近两年不能发生重大变化。

（2）董事、高级管理人员最近两年没有重大变化。

（3）实际控制人最近两年无变更。

二、独立性要求

根据《管理办法》规定，发行人必须资产完整，业务及人员、财务、机构独立，具有完整的业务体系和直接面向市场独立经营的能力。

另外，发行人与控股股东、实际控制人及其控制的其他企业间不存在同业竞争，以及影响公司独立性或者明显有失公允的关联交易。

1. 资产独立

（1）对生产型企业的要求。

所谓生产型企业是指包括采掘业及制造业在内的，通过组织人力物力资源，对自然资源进行开采、挖掘，以及对自然物质或工农业生产的原材料进行加工或再加工，为国民经济其他部门提供生产资料或生活资料的企业。对此类企业的资产独立性要求为：

第一，生产型企业应当具备与生产经营有关的生产系统、辅助生产系统和配套设施，合法拥有与生产经营有关的土地、厂房、机器设备。

第二，对企业的商标、专利、非专利技术等知识产权，应拥有所有权或使用权。

第三，企业具有独立的原料采购和产品销售系统。

（2）对非生产型企业的要求。

非生产型企业应具备与经营有关的业务体系及相关资产。

2. 人员独立

人员的独立性是构建现代企业制度的必要保证，也是企业实现稳健平稳发展的必要前提。

（1）发行人的总经理、副总经理、财务负责人和董事会秘书等高级管理人员不得在控股股东、实际控制人及其控制的其他企业中担任除董事、监事以外的其他职务，不得在控股股东、实际控制人及其控制的其他企业领薪。

（2）发行人的财务人员不得在控股股东、实际控制人及其控制的其他企业中兼职。

3. 财务独立

（1）公司设立独立的财务会计部门，配备独立的财务人员，建立独立的财务会计核算体系和规范的财务管理制度。

（2）公司独立在银行开户，拥有独立的银行账户，所有资金往来通过公司自身的独立账户进行。

（3）公司依法独立进行纳税申报和履行纳税义务。

（4）公司能独立作出财务决策。

4. 机构独立

发行人应建立健全内部经营管理机构，独立行使经营管理职权，与控股股东、实际控制人及其控制的其他企业间不得有机构混同的情形。

5. 业务独立和直接经营能力要求

《管理办法》第十六条规定："发行人应具有完整的业务体系和直接面向市场经营的能力。与控股股东、实际控制人及其控制的其他企业间不存在同业竞争，以及严重影响公司独立性或者显失公允的关联交易。"

（1）同业竞争。

同业竞争是指企业所从事的业务与其控股股东或实际控制人所控制的企业所从事的业务相同或近似，因此双方构成或可能构成直接或间接的竞争关系。

既然如此，企业又该如何解决同业竞争？

第一，进行业务重组。

第二，选择合适的控股股东。

第三，由控股股东作出避免同业竞争的书面承诺。

（2）关联交易。

关联交易是指上市公司或其控股子公司与上市公司关联人之间发生的转移资源或者义务的事项。

减少关联交易首先是对关联企业的确认，其次是对关联交易的确认，尤其是要对企业的关键业务、主营业务的交易是否和关联人产生进行确认，然后根据具体情况拟定关联交易协议。

三、公司治理结构要求

（1）拟上创业板公司具有完善的公司治理结构，依法建立健全股东大会、董事会、监事会以及独立董事、董事会秘书、审计委员会制度，相关机构和人员能够依法履行职责。

（2）拟上创业板公司的董事、监事和高级管理人员了解股票发行上市相关法律法规，知悉上市公司及其董事、监事和高级管理人员的法定义务和责任。

（3）拟上创业板公司的股权清晰，控股股东和受控股股东、实际控制人支配的股东所持拟上创业板公司的股份不存在重大权属纠纷。

四、公司内部管理要求

（1）拟上创业板公司资产完整，业务及人员、财务、机构独立，具有完整的业务体系和直接面向市场独立经营的能力。与控股股东、实际控制人及其控制的其他企业间不存在同业竞争，以及严重影响公司独立性或者显失公允的关联交易。

（2）拟上创业板公司会计基础工作规范，财务报表的编制符合企业会计准则和相关会计制度的规定，在所有重大方面公允地反映了拟上创业板公司的财务状况、经营成果和现金流量，并由注册会计师出具无保留意见的审计报告。

（3）拟上创业板公司具有严格的资金管理制度，不存在资金被控股股东、实际控制人及其控制的其他企业以借款、代偿债务、代垫款项或者其他方式占用的情形。

（4）拟上创业板公司内部控制制度健全且被有效执行，能够合理保证公司财务报告的可靠性、生产经营的合法性、营运的效率与效果，并由注册会计师出具无保留结论的内部控制鉴证报告。

（5）拟上创业板公司的公司章程已明确对外担保的审批权限和审议程序，不存在为控股股东、实际控制人及其控制的其他企业进行违规担保的情形。

（6）拟上创业板公司的董事、监事和高级管理人员符合法律、行政法规和规章规定的任职资格，且不存在下列情形：

第一，被中国证监会采取证券市场禁入措施尚在禁入期的。

第二，最近3年内受到中国证监会行政处罚，或者最近1年内受到证券交易所公开谴责的。

第三，因涉嫌犯罪被司法机关立案侦查或者涉嫌违法违规被中国证监会立案调查，尚未有明确结论意见的。

（7）拟上创业板公司最近 3 年内不存在损害投资者合法权益和社会公共利益的重大违法行为。拟上创业板公司及其股东最近 3 年内不存在未经法定机关核准，擅自公开或者变相公开发行证券，或者有关违法行为虽然发生在 3 年前，但目前仍处于持续状态的情形。

（8）拟上创业板公司募集资金应当具有明确的用途，应当用于主营业务。募集资金数额和投资项目应当与拟上创业板公司现有生产经营规模、财务状况、技术水平和管理能力等相适应。

五、规范运作要求

1. 关于发行人的法人治理结构和内部控制及制度

（1）发行人须具备完善的公司治理结构，依法建立健全股东大会、董事会、监事会以及独立董事、董事会秘书、审计委员会制度，相关机构和人员能依法履行职责。

（2）发行人建立健全并有效执行内部控制制度，公司能合理保证财务报告的可靠性、生产经营的合法性、营运的效率与效果，并由注册会计师出具无保留结论的内部控制鉴定结果。

2. 关于发行人的控股股东、实际控制人、董事、监事和高级管理人员

（1）发行人的董事、监事和高级管理人员要了解股票发行上市相关法律法规，知悉上市公司及其董事、监事和高级管理人员的法定义务和责任。

（2）发行人的董事、监事和高级管理人员应当忠实、勤勉，具备法律、行政法规和规章规定的资格。

（3）发行人及其控股股东、实际控制人最近 3 年内不存在损害投资者合法权益和社会公共利益的重大违法行为。

（4）发行人及其控股股东、实际控制人最近 3 年内不存在未经法定机关核准，擅自公开或变相公开发行，或有关违法行为虽发生在 3 年前，但目前仍处于持续状态的情形。

六、募集资金的使用要求

募集资金是指上市公司通过公开发行证券以及非公开发行股票向投资者募集并用于特定用途的资金。对于募集资金的使用，具体要求为：

（1）服务主业，用途明确。

（2）募集资金额和投资项目应当与发行人鲜有生产经营规模、财务状况、技术水平和管理能力相适应。

（3）发行人应当建立募集资金专项存储制度，募集资金应当存放于董事会决定的专项账户。

（4）上市公司内部审计部门应至少每季度对募集资金的存放与使用情况检查一次，并及时向审计委员会报告检查结果。

第四节
创业板上市流程

创业板上市流程是为拟上市企业规划的一条快速创富之路，无论拟上市企业的规模有多大，实力有多强，都必须按部就班，否则只会南辕北辙。

一、企业前期准备工作

1. 尽职调查与辅导

企业在前期准备过程中应聘请具有相应从业资格的中介机构进行尽职调查，包括券商、律师事务所、会计师事务所、资产评估师事务所。

2. 制订上市规划

在中介机构聘请到位后，各中介机构在总协调人的统筹安排下对企业进行详细的调查，制订上市规划。

二、上市前私募

在上市前，企业若能进行一轮私募融资，通过出让较少比例的股权，引进基金或其他投资机构作为企业的股东，将有助于改善企业的治理结构、财务制度和信息透明度。获得上市前快速扩张所需资金。

三、改制重组与股份公司设立

上市前，企业大多以有限责任公司的形式存在，所以基本上都需要进行股份制改制，通过资产重组组成股份有限公司。重组后，公司产权关系将更为明晰，经营和管理更趋于规范。

四、上市辅导

保荐机构在推荐发行人首次公开发行股票并上市前，应对发行人进行辅导。辅导期限目前尚无明确规定，但一般不少于3个月。

五、上市申报及受理

（1）公司签署招股说明书。

（2）律师、会计师出具相关法律文件。

（3）保荐人对整套申报材料进行内核，并于内核通过后出具保荐书。

（4）正式申报，证监会作形式审查，并于5个工作日内做出是否受理决定。

六、预先披露

预先披露市值申请首次公开发行股票的发行人，在中国证监会受理其有关申请文件后将有关申请文件向社会公众披露，而不是等到中国证监会作出核准发行的决定后再进行披露。

七、预审

中国证监会受理申请文件后，由相关职能部门对发行人的申请文件进行审核，并由创业板发行审核委员会审核。

八、获得证监会上市批文

根据《管理办法》规定，证监会在收到申请文件后，必须在 5 个工作日内作出是否受理的决定，并出具相关文件。

九、正式发布招股说明书，进行路演、网下和网上申购

正式公开发行股票前，企业还需完成以下工作：

(1) 发行人行为合规要求。

(2) 刊登招股说明书和发行公告。

(3) 发行路演。

(4) 询价。

(5) 配售及公告。

(6) 申购及配号流程。

(7) 缴款及验资。

(8) 发行结束及备案。

十、在深交所正式挂牌上市

发行人根据创业板的安排和上市公告书中披露的上市日期挂牌交易。

第五节
创业板信息披露

　　信息披露制度是上市公司为保障投资者利益、接受社会公众的监督而依法将其自身的财务变化、经营状况等信息和资料向证券管理部门和证券交易所报告，并向社会公开或公告，以便使投资者充分了解情况的制度。

　　信息披露既包括发行前的披露，也包括上市后的持续信息公开，主要由招股说明书制度、定期报告制度和临时报告制度组成。

一、创业板信息披露特点

　　1. 事前登记、事后审核

　　深交所对定期报告实行事前登记、事后审核；对临时报告依不同情况实行事前审核或事前登记、事后审核。

　　2. 公平披露原则

　　创业板上市公司及相关信息披露义务人需同时向所有投资者公开披露重大信息，确保所有投资者可以平等地获取同一信息，不得私下提前向特定对象单独披露、透露或泄露。

　　3. 突出网站披露方式

　　网站披露方式主要是针对在创业板上市公司规模相对较小的特点提

出，创业板公司临时公告和定期报告经深交所登记后应当在中国证监会指定网站及公司网站上披露。

4. 重视时效性

采取业绩快报制，提高了信息披露的及时性。

5. 强调当事人责任

与主板相比，创业板市场加强了保荐人的责任，确立了董事会秘书在信息披露中的核心地位。

二、创业板信息披露的独特内容

与主板相比，创业板在信息披露方面有以下独特内容：

1. 关注企业的成长性

与主板相比，创业板上市公司成长潜力较大，同时风险也更大。为减少投资者的风险，必须对上市公司盈利能力与发展前景进行披露。

2. 披露技术风险

部分科技型公司对核心技术的依赖程度较高，因此，创业板特别强调上市公司需充分披露核心技术变化可能造成的影响及风险。

3. 临时报告

创业板临时报告实行实时披露制度。

4. 业绩快报

采取业绩快报制，提高了信息披露的及时性。

5. 季度报告

与主板市场相比，创业板市场在信息披露方面最大的不同是要求上市公司每个季度都要披露公司的财务报表。

6. 保荐机构报告

在持续督导期内，上市公司在披露年度报告、中期报告后15个工作日内，必须披露保荐机构的有关跟踪报告。

7. 首日风险提示和澄清公告

上市首日，针对公共传媒在招股说明书刊登后发布的，可能对公司产生较大影响的报道或传闻，上市公司需刊登风险提示公告。

8. 强调披露内控制度检查意见及募集资金专项审核报告

上市公司报送定期报告时需提交审计委员会对公司内部控制制度检查和评估的专项意见。

第六节
创业板退市规则

质量不合格的商品应当撤柜，同样，不符合标准的上市公司也应当退市。没有盈利能力的公司长期留在市场，霸占资源，不利于市场的稳态发展。资本市场欲发挥资源优化配置、维护市场秩序，就必须让业绩差的上市公司彻底退出市场。

对于一个规范和完善的证券市场来说，发行、上市、退市是三个互相关联、缺一不可的环节，尤其是有效的退出机制既是上市公司优胜劣汰的必然要求，也是市场更新，健康稳定发展的根本保证。建立上市公司退出机制是维护证券市场正常秩序的必要途径和有效手段。

与主板市场相比，创业板具有高成长性、高波动性、高风险等特点，而创业板上市公司平均规模小、业绩不稳定、在具有较大成长潜力的同时，又蕴含着较高的经营风险。因此，创业板退市是非常正常的市场行为。

一、创业板市场退市标准

按我国创业板市场相关规定，创业板上市公司只要出现下列情况之一，如果在规定期限内不能改善，将启动退市程序：

（1）因最近 3 年连续亏损以及最近 1 个年度的财务会计报告显示当年年末经审计净资产为负被暂停上市，未能在法定披露期限内披露暂停上市后首个年度报告。

（2）因财务会计报告存在重要的前期差错或者虚假记载，对以前年度财务会计报告进行追溯调整，导致最近 3 年连续亏损被暂停上市，在法定披露期限内披露的暂停上市后首个年度报告显示公司净利润为负。

（3）因最近 3 年连续亏损以及最近 1 个年度的财务会计报告显示当年年末经审计净资产为负被暂停上市后，在法定披露期限内披露了暂停上市后相关定期规定，但未能在其后 5 个交易日提出恢复上市申请。

（4）因最近 1 个年度的财务会计报告显示当年年末经审计净资产为负被暂停上市后，在法定披露期限内披露的暂停上市后首个年度报告显示公司年末净资产为负；或者因财务会计报告存在前期差错或者虚假记载，对以前年度财务会计报告进行追溯调整，导致最近两年年末净资产为负。

（5）因最近两个年度的财务会计报告均被注册会计师出具否定或者无法表示意见的审计报告被暂停上市后，未能在法定披露期限内披露暂停上市后首个半年度报告。

（6）因最近两个年度的财务会计报告均被注册会计师出具否定或者无法表示意见的审计报告被暂停上市后，披露的暂停上市后首个半年度财务会计报告被注册会计师出具否定或者无法表示意见的审计报告。

（7）因最近两个年度的财务会计报告均被注册会计师出具否定或者无法表示意见的审计报告被暂停上市后，披露的暂停上市后首个半年度报告显示该项情形已消除，但未能在其后 5 个交易日内提出恢复上市申请。

（8）因财务会计报告被中国证监会或者本所责令改正，但公司未在规定期限内披露改正后的财务会计报告和审计报告，并在规定期限届满之日起 4 个月内仍未改正被暂停上市后，在两个月内仍未能披露经改正的有关财务会计报告。

（9）因财务会计报告被中国证监会或者本所责令改正，但公司未在规定期限内披露改正后的财务会计报告和审计报告，并在规定期限届满之日起4个月内仍未改正被暂停上市后的两个月内披露了经改正的有关财务会计报告，但未能在其后的5个交易日内提出恢复上市申请。

（10）因在法定披露期限届满之日起两个月内仍未披露年度报告或者半年度报告被暂停上市后，在一个月内仍未能披露相关年度报告或者半年度报告。

（11）因在法定披露期限届满之日起两个月内仍未披露年度报告或者半年度报告被暂停上市后的一个月内披露了相关年度报告或者半年度报告，但未能在其后的5个交易日内提出恢复上市申请。

（12）因公司股权分布或者股东人数不具备上市条件，公司未在本所规定的期限内提交股权分布或者股东人数问题的解决方案；或者被暂停上市后，在其后的6个月内公司股权分布或者股东人数仍不具备上市条件。

（13）因股本总额发生变化不再具备上市条件，在本所规定期限内仍未达到上市条件被暂停上市后，在本所规定的期限内仍不能达到上市条件。

（14）恢复上市申请未被受理。

（15）恢复上市申请未被核准。

（16）公司最近36个月内累计受到本所3次公开谴责。

（17）公司股票连续120个交易日通过本所交易系统实现的累计成交量低于100万股（因本所对新股交易采取特别交易或者停牌制度所导致的除外）。

（18）公司股票连续20个交易日每日收盘价均低于每股面值。

（19）公司因故解散。

（20）法院宣告公司破产。

（21）公司以终止公司股票上市为目的进行回购或者要约收购，回购或者要约收购实施完毕后，公司股本总额、股权分布或者股东人数不再符合上市条件。

（22）在股票暂停上市期间，股东大会做出终止上市决议。

（23）本所规定的其他情形。

附注：（7）～（9）为创业板市场在主板市场退市规定（1）～（6）基础之上新增的3项退市标准。

二、创业板退市制度

在海外市场，由于退市标准已经对公司的财务指标、市值、公众持股量、公众股东人数、每股成交价等市场指标做出了详细的规定，所以不对公司退市后的去向做强制要求。我国通过对海外创业板市场退市制度的深入研究和分析，综合考虑本国的国情，并结合创业企业的特点和监管要求对创业企业退市做出规定：公司终止上市后将直接退市，不再像主板一样进入代办股份转让系统，但公司退市后如符合代办股份转让系统条件，可委托主办券商向中国证券业协会提出在代办股份转让系统进行股份转让的申请。

1. 直接退市

直接退市，即创业板公司终止上市后直接退市，不再像主板一样，必须平移到代办股份转让系统。如果公司退市符合代办股份转让系统条件，可自行委托主办券商向中国证券业协会提出在代办股份转让系统进行股份转让的申请。

创业板的直接退市制度有两个重要的原则：第一，公司退市以后，不必进入到股份代办系统；第二，壳里无乾坤，避免借壳二次重组现象的出现。

2. 快速退市

为缩短退市时间，提高市场运作效率，避免上市公司该退不退，无意义的长时间停牌，创业板对三种退市情形启动快速退市程序。

（1）未在法定期限内披露年度报告或中期报告的上市公司，最快退市时间从主板的 6 个月缩短为 3 个月。

（2）会计报表显示净资产为负的创业板公司，暂停上市后根据中期报告而非年度报告决定其是否退市。

（3）财务会计报告被出具否定或拒绝表示意见的审计报告的创业板公司，暂停上市后根据中期报告而非年度报告的情况来决定是否退市。

Chapter10

第十章

创业板上市组织

第一节
选择中介机构

上市是一项系统工程，专业性要求很高。在这一过程中，中介机构发挥着各种不同的职能。企业上市进程快慢，最终能否成功，在很大程度上与所选择的中介机构专业能力和服务态度、重视程度有关。

一、中介机构类型及作用

通常情况下，企业上市前需要聘请的中介结构包括保荐机构、会计师事务所、律师事务所、资产评估事务所等，这些中介结构是推动企业踏入资本市场的重要力量。

1. 保荐机构

保荐机构在企业首次公开发行股票中对其他中介机构起组织协调作用。按照中国证监会和上海、深圳证券交易所的有关规定，保荐机构负责推荐、辅导拟首次公开发行股票的企业，负责证券发行的主承销工作，依法对公开发行募集文件进行核查，向中国证监会出具保荐意见，在企业股票发行上市后负责持续督导企业规范运行、履行承诺、披露信息等业务。

2. 会计师事务所

会计师事务所在企业发行上市过程中承担审计工作，对企业的账目进行检查与审验，出具审计、验资、内控评估、财务预测等报告，并为企业提供相关的财务咨询和会计服务。

3. 律师事务所

律师事务所在企业发行股票上市过程中，依法对企业的股份制改造提出意见，解决发行上市的法律障碍。对发行上市相关的各种文件合法合规性进行判断，并对涉及的法律问题出具法律意见书。

4. 资产评估事务所

资产评估事务所在企业发行上市的过程中对企业进行资产评估，出具评估报告等。

二、中介机构选择程序

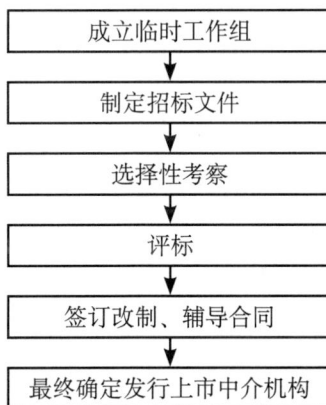

```
        ┌─────────────────────┐
        │     成立临时工作组      │
        └─────────────────────┘
                  ↓
        ┌─────────────────────┐
        │      制定招标文件       │
        └─────────────────────┘
                  ↓
        ┌─────────────────────┐
        │      选择性考察         │
        └─────────────────────┘
                  ↓
        ┌─────────────────────┐
        │        评标           │
        └─────────────────────┘
                  ↓
        ┌─────────────────────┐
        │   签订改制、辅导合同     │
        └─────────────────────┘
                  ↓
        ┌─────────────────────┐
        │  最终确定发行上市中介机构  │
        └─────────────────────┘
```

图 10-1　中介机构选择流程图

1. 成立临时工作组

创业板企业上市有关人员组成临时工作组，全面负责上市工作。企业董事长，董事会秘书、办公室主任及企业财务负责人均加入该小组。

2. 制定招标文件

临时工作组制定招标文件，公开招标。

3. 选择性考察

临时工作组到中介机构总部及成功上市企业内部实地考察。

4. 评标

企业采取投标书结合现场演讲（相当于"面试"）的方法，按照统一的标准，对不同中介机构打分。

5. 签订改制、辅导合同

企业与中介机构共同起草并签订企业改制、辅导合同。但是，拟上市企业注意，暂不与中介机构签订发行上市的合作合同，其主要原因是在改制重组期间，中介机构会暴露很多问题。

6. 最终确定发行上市中介机构

若企业与中介机构在改制重组中合作顺利，可与该中介机构直接签订发行上市合同。否则，企业另觅中介机构。

三、中介机构选择原则

根据发行上市的法律、政策规定并结合已发行上市企业的经验，企业在选择中介机构时应遵循 5 个原则。

1. 符合资格原则

在我国，证券公司、会计师事务所和资产评估师事务所从事股票发行上市业务必须具有证券从业资格。中国证监会只受理具备保荐承销业务资格的券商提交的证券发行上市推荐文件。

企业与券商接触时，要注意查看其营业执照等相关文件，鉴别其是否具有保荐资格。创业板企业选择券商时，多选择创新类和规范类券商，尤其是创新类券商。

2. "门当户对"原则

拟上市企业所处行业种类不同，规模不一；同样，中介机构的擅长项目和各自规模也不尽相同。有些券商专注大项目，有些券商侧重中小企业。可能最好的不一定是最合适的。拟登陆创业板的企业，应根据自身情况做出选择。

3. 费用合理原则

中介机构的费用是企业控制发行上市成本需要考虑的一个重要问题，具体情况一般由双方协商确定。企业应参照中介机构收费行情，结合企业情况确定适当的支付费用。

4. 竞争原则

企业要求各中介机构提出具体的工作程序和操作方案，进而通过这些信息的比较，确定自己的基准，最终选择合适的中介机构。

5. 任务明确原则

拟上市企业和中介机构商谈时，需明确双方的权利和义务，并确定合作过程中的具体事项，如工作内容、范围、期间、要求及费用等，尽量避免"敞口合同"。

四、注意事项

中介机构往往是辅导企业学习市场经济运作方法的"教练"，但是很多企业在与中介机构打交道的过程中会选入误区，如把两者看做是医生与患者的关系，对中介机构过度依赖。这就要求企业必须重视与中介机构之间的合作。

1. 熟人介绍的中介机构的处理

实践中，一些企业盲目相信、依赖熟人介绍的中介机构，结果上市工作进展缓慢，甚至丧失上市良机。因此，企业与熟人介绍的中介机构接触时，一定要遵循市场化原则运作。

2. 正确看待企业与中介机构的关系

企业与中介机构签订合作协议后，可能有两种做法：一种是，企业把所有的上市工作抛给中介机构，自己忙其他事情。另一种是企业在上市事项上弄虚作假，欺骗中介结构，这两种做法都是错误的。事实上，在上市工作上，中介机构和企业都有各自的立场和利益。双方是互助、互补又相互制约的合作关系。

3. 中介机构之间的合作

股票发行上市是企业和各中介机构共同努力的结果。因此，保荐机构与律师事务所、会计师事务所间的合作非常重要。在这里需补充一点，即企业的审计和评估业务不能由同一个中介机构承担。

4. 不要迷信中介机构和监管部门的"关系"

监管部门是由国家依法成立，负责全面上市工作的机构。该机构对拟上市企业的审核、核准、监管等工作都是参照同一标准进行的。对于创业板拟上市企业来说，能否成功上市与"关系"没有联系。

第二节
战略投资者的引入

战略投资者的引入其实是一种双向选择的金融合作，也就是说，引入者与被引入者都具有很大的选择空间，而从另一个角度来说，这也加大了企业选择战略投资者的难度，例如选择什么样的战略投资者、如何选择、需要注意哪些事项等。

一、战略投资者

"战略投资者"，是相对于拟上市企业的称呼，指的是符合国家规定，具有资金、技术、管理、市场、人才优势，并从企业的长远发展中获利的国内外机构。战略投资者与拟上市企业具有投资长期性、业务关联性和结构互补性。

企业多通过增资扩建、股权转让两种方式，引入战略投资者。

二、选择战略投资者的程序

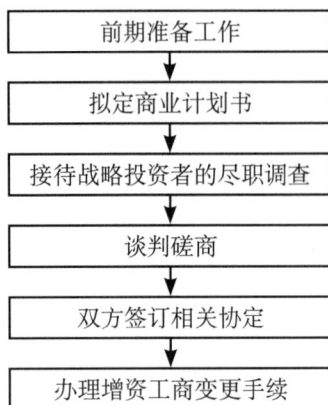

图 10-2　选择战略投资者的程序

1. 前期准备工作

前期准备工作的主要内容应包括：清理企业债权债务、重组企业股权结构，规范企业财务核算，聘请中介机构对企业进行评价，预测企业未来5 年的经营状况，预算选择战略投资者的成本。

2. 拟定商业计划书

企业根据创业板要求，结合自身特点和融资需求，制定商业计划书。

3. 接待战略投资者的尽职调查

企业联系投资者之后，接待有投资兴趣的来访和尽职调查。

4. 谈判磋商

企业和战略投资商就企业估值定价、投资比例、投资人优先保护条款、公司管理权等问题进行商谈，最终在双方均满意的情况下，达成共识。

5. 双方签订相关协定

根据双方谈判的结果签署相关协议。

6.办理增资工商变更手续

增资后，企业的注册资本和股权结构都已发生变化。此时，有限公司的股东需要将其股东身份显示在工商备案资料中。这同时也会涉及企业章程的修订。

三、战略投资者引入的作用分析

1. 降低企业的财务风险

战略投资者雄厚的资金支持可以降低企业的财务风险。如果企业未来有进一步的资金需求时，战略投资者有能力进一步提供资金。

2. 增强企业市场渗透能力

战略投资者的成功经验能够促进企业产业结构的调整和升级，进一步提高市场占有率。在未来创业板上市时，企业更易获得投资银行的支持和投资者的追捧。

3. 为上市做直接准备

战略投资者要求企业财务规范化、财务信息透明化、信息透明化，这些要求为企业今后上市做好了直接准备。

四、战略投资者引入的弊端分析

任何事物都具有两面性，战略投资者可以为企业带来正能量，同时也有可能为企业带来副作用，主要体现在以下几方面：

1. 贻误决策时机

战略投资者加入后，企业的管理模式、股东结构都将发生变化。管理理念的冲突，有可能使企业贻误最佳的决策时机。企业原有员工对这些变化会有一个艰难的适应过程。

2. 泄露公司内部信息

战略投资者以股东的身份参与日常管理，有可能会接触企业的知识产权和商业秘密。一旦发生泄密事件，企业日后的发展将会很艰难。

3. 丧失自主权

战略投资者与企业处于同一行业，两者也存在一定的竞争关系。而前者在商业模式方面比后者领先，如果战略投资者取得企业的控制权，企业可能沦为附属。

五、战略投资者选择注意事项

1. 长远打算

企业选择时，不应只顾眼前利益，必须充分考虑战略投资者是否符合企业的长远发展目标。两者之间长期的投资合作关系才能确保企业长远利益的实现。

2. 全面考虑

企业从技术援助和管理水平等方面考虑战略投资者。

3. 结合自身，合理选择

拟上市企业规模不一，在考虑战略投资者时，从自身出发，能够增强企业竞争力和创新能力的投资者，并已经形成产业集群的，都是战略投资者。

4. 聘请专业中介机构介入

专业的财务顾问公司能够把战略投资者的交易风险降到最低。

第三节
改制重组

改制重组是企业成为一个合格上市发行主体的第一步，是企业上市成功与否的关键。其目的是建立和完善规范企业的治理结构，明晰企业的产权关系，最终成功募集资金。

一、改制重组方式

1. 整体改制

整体改制是指以企业全部资产为基础，通过资产重组，整体改建为符合现代企业制度要求的、规范的企业。目前，大部分企业采用这种方式进行股改。在此，补充一点，如果原企业为有限责任公司，那么改制过程是按照原企业的账面净资产值而非现有的实际资产值进行折股变更手续。

2. 发起设立

发起设立是原企业股东共同出资认购公司全部股份，不再向社会公众公开募集的一种公司设立方式。一般是核心发起人，将原企业非经营性资产和不良资产剥离后，联合其他发起人共同设立股份公司。

3. 合并重组模式

合并重组就是多家业务联系紧密的企业合并为一个新的企业。原有的几个企业或被收购为新企业的附属公司，或被完全撤销。

4. 分立重组

分立重组是拟改组企业将其一部分资产或业务分离，作为股本投入改组后的股份有限公司。在这种模式下，原企业的营利性资产和相关的负债利益都被纳入新成立的公司。新设公司成为原企业控股的子公司。

5. 梯级重组

梯级重组是企业引入外部投资者，把核心生产经营系统改组为股份公司。其他非专业的生产经营系统或辅助系统改组为股份公司的子公司。

二、企业改制重组的主要内容

1. 业务重组

业务重组是上市重组成败的重要方面，主要内容是对企业的业务划分，明确改制后的股份公司的主营业务。这一过程是通过剥离非营利性业务和非经营性业务来实现的。

2. 资产重组

资产重组，是对企业在一定范围内的资产、负债、企业机构等因素进行设置和优化。

3. 债务重组

债务重组是企业通过修改债券条件、资产清偿债务等方式对企业的负债进行重组。

4. 股权重组

股权重组可以与其他重组同步进行，主要是对企业的股权结构比例和构成方式的调整、重组。它包括增资扩股和股权转让两种形式。

5. 人员重组

人员重组按照公司人员素质和股改后企业发展要求，对人员的分流安置。其主要目的是提高股改后企业的劳动生产率。

6. 管理重组

管理重组，即修订管理制度、完善企业管理体制。

三、考虑因素

1. 主营业务突出

主营业务是指企业为完成经营目标而从事的日常活动中的主要活动。从某种意义上可以说，上市重组的过程是在明确主导业务基础上的资产重组与划分。

对于创业板的拟上市企业来说，集中突出的主营业务、明确的主导产品、详尽严密的业务发展计划，比较容易获得股票发行审核委员会的青睐和投资者的关注。

2. 避免同业竞争

同业竞争就是相同业务之间的竞争，是指拟上市公司的业务与相关联公司或人士所从事的业务相同或相似。双方存在潜在的竞争关系。

企业可以让控股股东做出避免同业竞争的书面承诺及选择合适的控股股东来解决这一问题。

3 减少关联交易

关联交易是指上市公司或者控股子公司与上市公司关联人之间发生的转移资源或者义务的事项。在很多情况下，关联交易主体之间是共同利益的关系。

如果一家企业的主营业务很大程度上来自关联交易，创业板审核单位会认为企业缺乏直接面向市场独立经营的能力。由于关联交易不可避免，企业在进行资产重组时要充分考虑到潜在的关联交易，尽量减少关联交易。

4. 家族管理问题

创业板拟上市企业基本都是中小企业，而中小型企业多以家族纽带的方式进行管理。拟在创业板上市的家族型企业在重组改制中需格外注意以下几点：第一，所有权和经营权的分离；第二，规范化管理；第三，适当弱化家族成员的股权比例。

四、改制重组流程

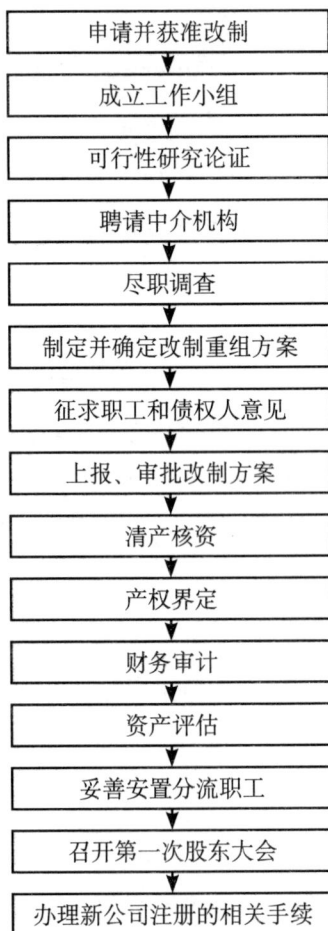

```
申请并获准改制
    ↓
成立工作小组
    ↓
可行性研究论证
    ↓
聘请中介机构
    ↓
尽职调查
    ↓
制定并确定改制重组方案
    ↓
征求职工和债权人意见
    ↓
上报、审批改制方案
    ↓
清产核资
    ↓
产权界定
    ↓
财务审计
    ↓
资产评估
    ↓
妥善安置分流职工
    ↓
召开第一次股东大会
    ↓
办理新公司注册的相关手续
```

图 10-3　改制重组流程

1. 申请并获准改制

上市企业向出资人递交书面申请书。申请书主要说明企业的基本情况和准备进行的改制目标和改制形式。

2. 成立工作小组

企业获准改制后，成立相应的改制工作小组。工作小组负责企业改制的具体操作工作。

3. 可行性研究论证

改制工作小组讨论企业改制的可行性。

4. 聘请中介机构

企业结合自身情况，聘请符合要求的中介机构。

5. 尽职调查

企业接受中介机构（保荐机构、律师事务所、会计事务所、资产评估机构）的调查。

6. 制定并确定改制重组方案

企业基于以上五步，结合有关法律法规制定企业改制重组方案。

7. 征求职工和债权人意见

企业召开相关会议，征求职工和债权人的意见。

8. 上报、审批改制方案

企业将讨论通过的改制重组方案，上报给有关主管部门。

9. 清产核资

企业根据上市要求，组织企业内部有关人员对企业财产进行清查，并委托中介结构对企业的资产和财务状况进行审计，核实资产。

10. 产权界定

企业对集体财产、土地等归属不清的产权，进行产权界定。

11. 财务审计

会计事务所对企业财务、经营成果、现金流量和资产质量等基本经营情况进行审计并发表独立审计意见。

12. 资产评估

中介机构根据企业和主管部门的申请，对企业的整体资产（包括负债和土地资产等）进行全面评估。

13. 妥善安置分流职工

企业对原公司员工进行分流或解聘。

14. 召开第一次股东大会

股份公司全体发起人召开公司创立大会，确定公司章程、董事会成员、监事会成员等事项。

15. 办理新公司注册的相关手续

董事会在第一次股东大会结束 30 日内，向有关部门报送文件，办理注册登记，取得股份公司的企业法人营业执照。

附录

安迪樊（Andy Fan）：
集"六大传奇"于一身的华商领袖

安迪樊（Andy Fan），美籍华人。可用六句短语，概括他极富传奇色彩的人生：

> 一百多天，上市神话
> 二位恩师，人生转折
> 三次登台，神州喝彩
> 四书四刊，粉丝万千
> 五发五中，文武双全
> 六十楷模，邮票纪念

一百多天，上市神话

2008 年春天，安迪樊在完成《秘密》书稿的过程中，也正好开始为他一月刚注册的新公司制订商业计划。一生都在不断挑战自己心理和生理极限的他，定下了一生中最不可思议的目标：全面启动自己在美国政商界和金融界的人脉优势，要将自己的新公司，在离北京奥运会只剩下一百多天的时间内，赶在奥运期间在美国上市。这段期间，他经常一天睡觉四个小时。公司主营业务的选择独到和远见（服务美国中小企业出口），正确判断美国经济的走势，和他在西点军校式魔鬼训练营得到的世界顶级的超强培训，都是他成功的关键因素 …… 2008 年 8 月 14 日，北京奥运会举行的第 6 天，安迪樊的新公司完成美国上市审批全部手续，在美国成功上市，正式成为美国一万多家上市公司中骄傲的一员，Yahoo, Google, MSN, PRWEB News 等都进行了全球财经新闻报道。

从 2008 年 4 月 14 日 Yahoo 等美国媒体第一次新闻报道安迪樊公司启动上市，到 8 月 14 日 Yahoo 等全面报道其成功上市，一共 120 天。安迪樊创造了一个中国人强势闯入堡垒重重的美国上市公司圈的"上市神话"，成为第一个一百多天将新公司在美国成功上市的中国人，安迪樊也因此成为屈指可数的成功闯入美国上流精英阶层的海外华人。

2011 年，安迪樊将他的百天上市模式成功移植到中国，安迪樊"上市神话"的中国版本大获成功，而且他又一次超越了自己：2010 年 11 月 1 日，CCG 公司，一家全部业务在中国的电子商务科技公司，正式聘请安迪樊为总裁，并准备冲刺在美国上市……89 天后的 2011 年 1 月 28 日，该公司在美国成功上市，NASDAQ OMX(纳斯达克 OMX) GlobleNewswire (全球新闻)、MSN 等美国主流媒体都进行了广泛报道，这次只用了 89 天，打破了 2008 年他自己的美国公司百天上市的记录！

安迪樊的"中美安迪影视文化传媒公司"，也于 2012 年在不到两个月时间完成在美国挂牌上市。安迪樊五次缔造华尔街"百天上市神话"，现任四家美国上市公司董事长。

二位恩师，人生转折

安迪樊一生中最重要的人有两个：许国璋教授和克林顿总统。两位恩师彻底改变了他的命运。

从小就梦想成为一代英语宗师许国璋的学生，安迪樊 20 世纪 80 年代高中毕业后如愿以偿地考入北京外国语大学英语系，拜读于许国璋等名师下。勤奋好学的他，大学四年在北京外国语大学打下了坚实的英语基础。毕业后安迪樊获美国大学奖学金赴美自费留学，是中国改革开放后最早一批出国潮的弄潮儿。在美国大学研究生院就读期间，经校长介绍与时任阿肯色州州长的克林顿认识。安迪樊受到克林顿的赏识并担任其翻译，成为第一个为克林顿做翻译的中国人。在这段难忘的日子里，安迪樊从克林顿那里不仅学到很多美国政治、经济、文化方面的宝贵知识，更是从克林顿的言传身教和潜移默化中悟到了事业成功和人生幸福的真谛和秘密。这些感悟和理念促成他后来写出了《克林顿教我5天成功的秘密》、《克林顿改变了我的一生》、《秘密：改变一生命运的宇宙法则》、《秘密：梦想成真的人生法则》等畅销书，读者和粉丝遍布全球。

由于克林顿的赏识和引见，安迪樊在美国结识了很多政界和商界的要员、名流和精英，命运从此改变。这些高端人脉的多方支持，使得他后来数次缔造华尔街"百天上市神话"的梦想得以成为现实。

三次登台，神州喝彩

安迪樊常被邀请参加全国规格最高的企业峰会和顶级论坛，包括应邀参加北京"诺贝尔奖获得者与企业家对话专场"等。但下面的3次登上讲台，又把安迪樊在华人商界的影响力和知名度推向了新的高峰：

（1）2006年，安迪樊应福布斯邀请参加 "福布斯中国城市投资论坛"，并与福布斯全球副主编 Russell Flannery 一起同台演讲。这次福布斯的亮相和讲演，不仅让安迪樊在美国的政商界朋友们再次认识到安迪樊在中国的影响和地位，也让中国了解到一个已得到了美国主流媒体和企业界认可并欣赏的华裔企业家。

（2）2009年，安迪樊作为华商领袖之一，和王石、潘石屹、柳传志、李开复、王中军等一同应邀参加第7届"全球华人企业领袖峰会"，奠定了安迪樊在世界华商界的地位。

（3）2009 年，在《求是》杂志社主办主管的《红旗画刊》举办的全球商业领袖推选活动中，安迪樊荣获"2009·中华杰出商业领袖"奖，获奖理由："青年才俊，用不懈努力成就美国总统翻译、畅销书作家和美军神枪手多项身份；商界天才，敢于打破固有惯例，运用崭新概念和策略，缔造 100 天上市神话；是融贯中西、文武双全的商界翘楚。"安迪樊在企业界多年的奋斗和耕耘，再一次赢得商界和社会的高度赞赏并赋予最高荣誉。

安迪樊几乎每天都收到企业、大学、各种机构等邀请前往讲演或上课。2013 年 5 月 9 日和 5 月 24 日他分别接受清华大学和北京大学的邀请前往讲演，与清华和北大学子畅谈人生、事业、中美文化、资本运作、华尔街、原始股和他的"天融八部"，被师生亲切地称为"安迪老师"。

四书四刊，粉丝万千

安迪樊的十几本书多年畅销全国各地，一版再版。最具影响的首推他的创富神话系列巨著"天融八部"中的四部：《融资：奔向华尔街》、《融资：奔向纳斯达克》、《融资：奔向欧洲资本市场》、《融资：奔向亚太资本市场》。其中《融资：奔向华尔街》更是登上了 2011 年 6 月财经类畅销书排行榜第一名。他的《融资：奔向中国创业板》也是大受欢迎。因为这些书的畅销和影响，使公众和企业界认识了一个既能创造"百天上市神话"的资本运作实战高手，又能写出多本关于上市和资本运作的畅销书作家，牢固地建立了安迪樊在资本运作领域的权威。安迪樊的励志畅销书还有《克林顿教我 5 天成功的秘密》、《克林顿改变了我的一生》、《秘密：梦想成真的人生法则》等。

据不完全统计，至少有 4 本华商界最有影响的杂志已经把安迪樊选登为封面人物，包括：《Chinese Business Leader（华商）》、《World Chinese Businessman(世界华商)》、《VIEW（大视野)》、《发现》。另外，《Commerce（ 商会)》、《中国民营资本》、《浙商研究与资讯》、《中华名人》 等杂志也将安迪樊选登为封面人物。安迪樊每次在企业、机关、学校作讲演后，为能得到他签名和与其合影的粉丝、读者不惜等候多时，令他非常感动。

五发五中，文武双全

1997 年，安迪樊在美国的事业陷入低潮。彷徨郁闷的他有一天在图书馆浏览，突然读到这段令他震惊的文字：

"第二次世界大战后，美国财富 500 强的公司里，有一千多名董事长，两千多名副董事长和五千多名总经理，毕业于西点军校。"

安迪樊彻夜难眠，毅然决定申请去西点军校受训。虽然因为超龄而未能进入西点军校本部，但安迪樊被推荐进入密苏里州的美国陆军训练营，亲自接受了西点军校式"魔鬼训练营"的超强训练，尤其是在射击考核中，安迪樊五发五中，荣获美国陆军颁发的"神枪手资格勋章"，成为获此殊荣的第一个中国人。安迪樊当时在训练营被戏称做"以枪代拳的李小龙"，一时传为佳话。这段世界顶级的培训，为安迪樊日后成为数家美国上市公司老板打下了坚实的心理和生理基础。

博鳌亚洲论坛秘书长龙永图先生在评价安迪樊时用了"融贯中西，文武双全"八个字，很经典地概括了安迪樊极富传奇色彩的跨国成功背景，和他既能成为美军神枪手又能成为中国畅销书作家的"能文能武"的罕见才华。

六十楷模，邮票纪念

2009 年，为庆祝中华人民共和国成立 60 周年，表扬、纪念海内外为中华人民共和国成立 60 年在经济、政治、文化方面作出杰出贡献的 60 位华人楷模，由中国国家邮政总局和中国集邮总公司推出《复兴之路——共和国建国 60 周年、海内外 60 位华人楷模》肖像珍藏邮票及邮册，安迪樊荣幸当选，当选评语是："三次辉煌：担任克林顿总统翻译；亲历美国西点军校式魔鬼训练营；一百多天将公司在美国上市。著有《克林顿和我的一生》、《秘密：改变一生命运的宇宙法则》、《融资：奔向纳斯达克》等 4 本畅销书"。

作为 60 位华人楷模之一，安迪樊的肖像被印在 2009 年的中国邮票上作为永久纪念。

参考文献

[1] 刘玥.创业板上市实务操作指引［M］.北京：知识产权出版社，2010.

[2] 赵增海，田晓光，叶敏开.奔向创业板［M］.北京：首都经济贸易大学出版社，2010.

[3] 皖君.创业板［M］.北京：中国科学技术出版社，2009.

[4] 北京市道可特律师事务所.企业创业板上市筹备与操作指南——战略投资引入与改制重组［M］.北京：北京大学出版社，2009.

[5] 涂成洲.创业板上市实战：操作流程与案例评析［M］.北京：法律出版社，2010.

[6] 李磊，黄格非.创业板上市操作指南［M］.北京：经济科学出版社，2009.

[7] 陈爱国.直击创业板［M］.北京：人民出版社，2009.

[8] 石育斌.助您成功登上创业板：中国私募股权融资与创业板上市实务操作指南［M］.北京：法律出版社，2009.

[9] 笃恒.掘金创业板［M］.北京：机械工业出版社，2010.

[10] 申林平.创业板上市法律实务［M］.北京：法律出版社，2009.

[11] 邹健.中小企业创业板上市实务［M］.北京：法律出版社，2009.

[12] 谭岳奇.创业板上市法律实务及典型案例分析［M］.北京：法

律出版社，2011.

[13] 吴松谚.深圳创业板市场：运行与解读 [M] .北京：中国经济出版社，2012.

[14] 申林平.创业板上市法律实务（修订版）[M] .北京：法律出版社，2011.

[15] 吴晓求.中国创业板市场：成长与风险 [M] .北京：中国人民大学出版社，2011.

[16] 代月强.创业板上市—知识产权资本运营 [M] .北京：北京对外经济贸易大学出版社有限责任公司，2011.

[17] 张艳伟.创业板上市审核与保荐重点 [M] .北京：中国法制出版社，2011.

亲爱的读者朋友，首先感谢您阅读我社图书，请您在阅读完本书后填写以下信息。我社将长期开展"读石油版书，获亲情馈赠"活动，凡是关注我社图书并认真填写读者信息反馈卡的朋友都有机会获得亲情馈赠，我们将定期从信息反馈卡中评选出有价值的意见和建议，并为填写这些信息的朋友 **免费** 赠送一本好书。

《融资：奔向创业板（升级版）》

1. 您购买本书的动因（可多选）：

☐ 书名　　　☐ 封面　　　☐ 内容　　　☐ 价格
☐ 装帧　　　☐ 纸张　　　☐ 双色印刷
☐ 书店推荐　☐ 朋友推荐　☐ 报刊文章推荐
☐ 作者　　　☐ 出版社　　☐ 其他_____

2. 您在哪里购买了本书（若是书店请写明书店地址和名称）？

_____ 购书时间_____

3. 您是怎样知道本书的（可多选）？

☐ 报刊介绍_____(报刊名称)　　☐ 朋友推荐_____
☐ 网站_____(网站名称)　　　　☐ 书店广告_____
☐ 书店随便翻阅　　　　　　　　　　　☐ 其他_____

4. 您对本书印象如何（可多选）？

封面：　☐ 新颖　　☐ 吸引眼球　　☐ 一般，没创意　　☐ 不适合本书内容
内容：　☐ 丰富　　☐ 有新意　　　☐ 一般　　　　　　☐ 较差
排版：　☐ 新颖　　☐ 一般　　　　☐ 太花哨　　　　　☐ 较差
纸张：　☐ 很好　　☐ 一般　　　　☐ 较差
定价：　☐ 太高　　☐ 有点高　　　☐ 合适　　　　　　☐ 便宜

5. 您对本书的综合评价和建议（可另附纸）：

_____

_____

_____

● **您的资料：**

姓名_____　性别_____　年龄_____　职业_____
学历_____　电话(写明区号)_____　手机_____
电子邮件_____　邮编_____
通信地址_____

● **我们的联系方式：**

地　　　址：北京安定门外安华西里3区18号楼1004　王　昕
邮　　　编：100011　　E-mail：good9112@126.com　　网址:www.petropub.com
销售部电话：010-64523603　64523623　　　　编辑部电话：010-64523616